U0730633

普通高等学校学前教育专业系列教材

学前儿童健康教育活动指导

（第四版）

主　编　孙树珍　麦少美

副主编　辛　明

编　者（按姓氏笔画排列）

于海青　王劲松　刘雪梅　伍建清

辛　明　张翠凤　赵峥峥　高春玲

赖　敏

复旦大学出版社

内容提要

本教材根据《幼儿园教育指导纲要（试行）》《3—6岁儿童学习与发展指南》《幼儿园教师专业标准》以及最新幼儿园教师教育课程标准进行修订，立足学前健康教育的教学实际，从课程设置出发，结合健康教育学科的特点和学前儿童的生长和认知特点，基于对健康的最新认识，依据幼儿身心发展特点，着重介绍了健康的一般理论和学前儿童健康教育的目标、内容，从学前儿童身体保健教育、心理健康教育、体育等方面阐述了学前儿童健康教育活动的内容、组织形式以及应当注意的问题，最后介绍了学前儿童健康教育的评价机制和具体方法。另外，第四版教材新增了许多学前健康教育领域的真实、生动、有趣的案例及评析，供学习者分析、思考与借鉴。

本教材配有幼儿园活动视频，可扫描书中二维码观看教学视频。PPT教学课件请登录复旦学前云平台免费下载（www.fudanx-ueqian.com）。

复旦学前云平台
数字化教学支持说明

为提高教学服务水平，促进课程立体化建设，复旦大学出版社学前教育分社建设了"复旦学前云平台"，为师生提供丰富的课程配套资源，可通过"电脑端"和"手机端"查看、获取。

【电脑端】

电脑端资源包括 PPT 课件、电子教案、习题答案、课程大纲、音频、视频等内容。可登录"复旦学前云平台"www.fudanxueqian.com 浏览、下载。

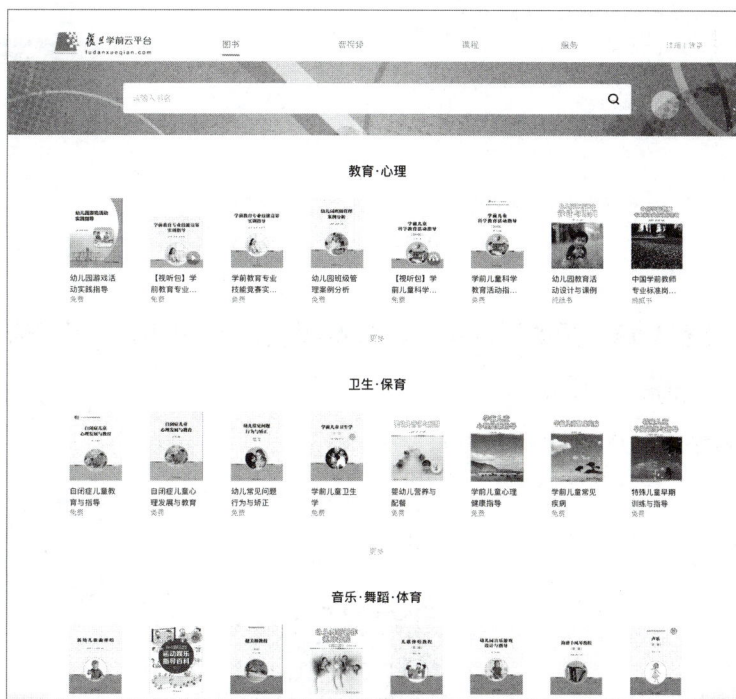

Step 1 登录网站"复旦学前云平台"www.fudanxueqian.com，点击右上角"登录 / 注册"，使用手机号注册。

Step 2 在"搜索"栏输入相关书名，找到该书，点击进入。

Step 3 点击【配套资源】中的"下载"（首次使用需输入教师信息），即可下载。音频、视频内容可通过搜索该书【视听包】在线浏览。

【手机端】

PPT 课件、音视频、阅读材料：用微信扫描书中二维码即可浏览。

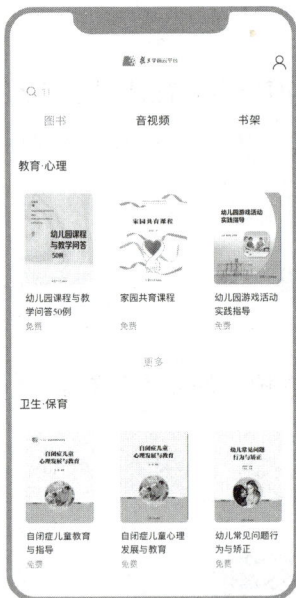

扫码浏览

【更多相关资源】

更多资源，如专家文章、活动设计案例、绘本阅读、环境创设、图书信息等，可关注"幼师宝"微信公众号，搜索、查阅。

平台技术支持热线：029-68518879。

"幼师宝"微信公众号

第四版修订说明

本教材紧密围绕党的二十大报告精神，坚持立德树人根本任务，在课程中融入对学生的身心健康和品德教育。本书通过传统民间游戏、社会职业类活动等内容，引导学生树立文化自信，培养社会责任感和职业道德感，建立正确的世界观、人生观、价值观，使学生学习专业知识与树立正确、崇高的理想信念并举。

本次修订主要依据《幼儿园工作规程》、《幼儿园教育指导纲要（试行）》（简称《纲要》）、《3—6岁儿童学习与发展指南》（简称《指南》）、《幼儿园教师专业标准》，特别是《指南》中关于儿童身体发育和心理健康的目标和要求，对第三版教材中的部分理论进行了优化和调整，并增加了一些优秀案例，同时增加了活动视频，扫码即可观看，使得教材更加贴近现代教学实践和幼儿园教师的实际需求。

本教材基于对健康的最新认识，在《纲要》和《指南》精神以及幼儿园教师教育新课程标准的引领下，依据幼儿的身心发展特点，着重介绍了以下三方面的内容：一是系统阐述了健康的一般理论和学前儿童健康的目标、内容；二是从学前儿童身体保健教育、心理健康教育、体育等方面，分别阐述了活动的内容、组织形式及注意问题等；三是介绍了学前儿童健康教育的评价等。

本教材在编写过程中，密切结合学前教育的实际，既注重理论的前沿性，又注重实用性和可操作性。同时，本书体现了新的教育理念，教育对象也拓展为0—6岁的婴幼儿，帮助学习者跟上时代步伐，融会贯通，学以致用。

本教材的参编学校有：北京师范大学教育学部学前教育研究所（系）、青岛幼儿师范高等专科学校、潍坊学院幼教特教师范学院、川南幼儿师范高等专科学校、贵阳幼儿师范高等专科学校、昆明学院学前教育与特殊教育学院、新疆师范高等专科学校。

本教材第一章由赖敏撰写，第二章由高春玲撰写，第三章由伍建清撰写，第四章由张翠凤撰写，第五章由于海青、王劲松、辛明撰写，第六章由刘雪梅撰写，赵峥峥参与了本书修订工作。活动案例提供者为王爱丽、张燕、马炳荃、吕东辉、辛翠红、史珺、盛思危、郭祎君、矫君玲。在此对他们的辛勤劳动表示衷心的感谢。

本书编写过程中，参考并借鉴了国内外许多专家、学者的观点和资料，在此一并表示感谢。由于编者的水平和能力有限，书中难免存在不妥之处，望读者多加批评指正。

目　　录

第一章　健康教育概述

本章重点

◇ 健康及健康教育的概念。

◇ 学前儿童健康教育的概念及其意义。

◇ 学前儿童健康的标志及影响其健康的因素。

第一节　健　康　教　育

一、健康的含义

健康是一个极具时代特征的综合概念。随着历史的发展、社会的进步,人们对健康产生了不同的认识和追求。在早期的人类社会,由于生产力水平和认识水平低下,对于生命现象和疾病的认识也甚少,健康被认为是神灵赐予人类获得生存和延续生命的礼物;以后人们开始重视引起疾病的生物学因素,认为疾病就是身体的"零件"发生故障,在身体器官或细胞上可以找到这种故障的变化;20世纪后半叶,人们发现,由理化、生物刺激所导致的疾病的死亡率已退居次要地位,而与心理、社会因素密切相关的高血压、冠心病、癌症、溃疡和精神疾病等身心疾患的发病率和死亡率则明显提高,人们渐渐认识到生物、心理与社会三方面的因素对健康和疾病的影响。由健康到疾病是一个连续的互相演变的动态过程。1948年世界卫生组织(WHO)在制定的世界保健大宪章中,对健康下了这样的定义:健康是身体、心理和社会适应的完满状态,而不仅仅指没有疾病和虚弱现象。1989年又将健康的概念调整为:"健康应包括生理健康、心理健康、社会适应良好和道德健康。"

生理健康,指人体在形态、结构、机能、体能和环境适应上的良好状态。

心理健康,指人在情绪、意志、平衡人际和社会关系等方面处于良好状态。

社会适应良好,指人自身适应社会环境的变化与发展过程处于良好状态,包括群体关系、社会环境、应变能力、处理角色和工作能力等方面处于良好状态。

道德健康,指人的信仰、品德、情操、人格等处于积极向上、高尚和完善的状态。

巴西著名医学家马丁斯研究发现,屡犯贪污受贿的人易患癌症、脑出血、心脏病和精神过敏症。品行善良、心态淡泊、为人正直、心地善良、心胸坦荡,则会心理平衡,有助于身心健康。相反,有违社会道德准则,胡作非为,则会导致心情紧张、恐惧等不良心态,有损健康。试想,一个食不香、睡不安、惶惶不可终日者,何以能谈健康!据测定,这类人很容易发生神经中枢、内分泌系统功能失调,其免疫系统的防御能力也会减弱,最终会在恶劣心态的重压和各种身心疾病的折磨下,或者早衰,或者早亡。由此可见,健康是人与环境之间、身与心之间整体关系和谐的结果。

此定义表达了人们对完满健康的追求,而且要求主动促进健康,提高身心和社会方面的适应,提供环境质量和生活质量,同时也促进了医学模式的发展。

二、健康的标志

根据世界卫生组织(WHO)提出的"健康不仅仅是指没有疾病和虚弱现象,而且应包括体格、心理和社会适应能力的全面发展",对健康提出了如下十条具体标准。

(1) 精力充沛,对担负日常生活和繁重的工作不感到过分紧张和疲劳。

(2) 乐观、积极、乐于承担责任。

(3) 善于休息,睡眠良好。

(4) 应变能力强,环境适应能力强。

(5) 能抵抗一般性感冒和传染病。

(6) 体重适当,身体匀称。

(7) 眼睛明亮,反应敏锐。

(8) 牙齿清洁,无龋齿,无疼痛,牙龈颜色正常,无出血现象。

(9) 头发有光泽,无头皮屑。

(10) 肌肉丰满,皮肤富有弹性。

三、健康教育的含义

健康教育概念的产生是与人们对于健康的认识和需要密切联系的。健康教育的出现最早源于与学校有关的卫生教育。从 19 世纪后期开始,美国及欧洲一些国家相继尝试在学校开设生理卫生课,"健康"始被列入一系列学校教育目标之一。据有关文献报道,健康教育(Health Education)最早在 1919 年的美国儿童健康协会的会议上被采用。以后,一些直接从事卫生和教育的专家们也逐渐更明确地把健康与教育联系起来,阐述通过教育指导人们对疾病的预防。目前,有关健康教育的定义有数十种,但其共识归纳起来有如下五点。

(1) 健康教育是一种以教育为中心的过程,是一种自愿的学习而不是强制的。

(2) 健康教育所关注的对象是人。促使每个人获得能力和责任感,以便对自我的健康作出抉择。

(3) 健康教育的焦点在于沟通健康知识与个人实际行为的联系与统一。

(4) 健康教育重视个人行为的改变及影响个人行为形成、改变的各种因素。

(5) 健康教育需要社会行动和行政干预。

我国有关专家一般都认为,1988 年第 13 次世界健康教育大会提出的关于健康教育的定义比较贴切,即健康教育是一门"研究传播健康知识和技术、影响个体和群体行为、预防疾病、消除危险因素、促进健康的科学"。

现代社会的人们迫切需要进行以健康为目的、有计划、有组织、有步骤的教育活动,促使人们自觉地采取有利于健康的行为和生活方式,消除或降低影响健康的危害因素,以便预防疾病、提高生活质量。健康教育首先是健康与教育的有机结合,促进健康不仅是卫生部门的责任,也是教育部门的责任,是全社会共同的责任。它的核心就是教育人们树立"人人为健康,健康为人人"的正确观念,增强自我和群体的保健意识及保健能力,营造一种全民范围的健康意识。每个人不但要对自己的健康负责和向社会求得医疗保健服务,而且要在促进他人和全社会的健康方面承担义务。因此,健康教育就必须为人们提供改变对健康有害的行为和生活方式所需的知识、技能与服务,并促使人们自觉地去应用这些知识和服务。其次,健康教育又是一种有目的的教育活动,它强调改变人们的行为,以提高生活质量。因此,健康教育要有组织地加以实施,要贯穿在人的整个学习生活中,以在他们的意识形态、生活理念和独立生活习惯形成的过程当中自然地渗透健康的行为准则,在接受其他知识、培养认识问题、解决问题的能力的同时,也接受正确的健康知识,学会认识和处理自身的及周围的健康问题。

第二节　学前儿童健康教育

一、学前儿童健康教育的意义

在一个人发展的过程中,生命的健康存在是保证人的发展的物质基础。《幼儿园教育指导纲要(试行)》(以下简称《纲要》)明确要求:"幼儿园必须把保护幼儿的生命和促进幼儿的健康放在工作的首位。"学前儿童健康教育可以通过多种多样的手段,有计划、有目的、有组织地使学前儿童掌握健康知识,养成有益于个人、集体和社会的健康生活方式和行为方式,以促进学前儿童身心健康、社会适应能力的全面发展。由此可见,对学前儿童进行健康教育有着十分重要的意义。

1. 学龄前期是人身心发展的关键时期,对学前儿童进行健康教育十分必要

《3—6岁儿童学习与发展指南》(以下简称《指南》)中指出:幼儿阶段是儿童身体发育和机能发展极为迅速的时期,也是形成安全感和乐观态度的重要阶段。发育良好的身体、愉快的情绪、强健的体质、协调的动作、良好的生活习惯和基本生活能力是幼儿身心健康的重要标志,也是其他领域学习与发展的基础。陈鹤琴先生认为"幼稚园第一要注意的是儿童的健康"。0—6岁的儿童身体各器官、系统的发育和功能尚未完善,组织比较柔嫩,生长发育处于十分迅速且旺盛的时期,而各方面的能力却较差,如保护生命安全的能力、身体活动的能力、自我照料和独立生活的能力等,而且知识经验相当缺乏,0—3岁阶段的特点比3—6岁更突出。因此,一方面成人需要对学前儿童给予精心的照顾、爱护和帮助。例如,应根据不同阶段学前儿童消化系统的特点提供科学合理的营养和膳食;学前儿童对危险的事物和活动缺乏判断力,往往难以避免所面临的危险,甚至有时会制造危险,成人既要保护学前儿童的安全,又应该根据其不同年龄特点对其进行必要的、基本的安全教育,使其逐渐形成安全意识,获得和掌握必要的安全知识和技能。另一方面,成人需要积极地为学前儿童创设良好的生活环境,利用一切有利因素促进学前儿童正常的生长发育,增进和维护学前儿童的身心健康。例如,为学前儿童建立合理的生活制度,让学前儿童有规律地生活;培养学前儿童良好的生活卫生习惯和独立生活的能力,以便更好地维护自身的健康、更好地适应社会生活;开展适宜的体育活动和身体锻炼,做好全面的卫生保健工作等,让学前儿童在接受教育的同时也能积极主动地参与力所能及的健康活动。一个健康的儿童应该是一个关心和积极参与到有利于自己健康的活动中去的儿童。因此,在学前儿童身心发展的关键时期进行健康教育十分重要。

2. 学前儿童健康教育将为学前儿童一生的健康奠定良好的基础

17世纪英国伟大的哲学家和启蒙思想家约翰·洛克认为:"人生幸福有一个简短而充分的描述:健全的心智寓于健全的身体。凡身体和心智都健全的人就不必再有什么别的奢望了;身体或心智如果有一方面不健全,那么即使得到了种种别的东西也是枉然。"联合国儿童特别大会曾强调"每个儿童有权拥有最佳人生开端"。最佳的人生开端应该是有充分合理的营养、良好的健康状况,生活在一个有丰富的感知刺激的环境和充满温暖、爱心的家庭和社会氛围之中。《指南》也明确指出:为有效促进幼儿身心健康发展,成人应为幼儿提供合理均衡的营养,保证充足的睡眠和适宜的锻炼,满足幼儿生长发育的需要;创设温馨的人际环境,让幼儿充分感受到亲情和关爱,形成积极稳定的情绪情感;帮助幼儿养成良好的生活与卫生习惯,提高自我保护能力,形成使其终身受益的生活能力和文明生活方式。人生开端是指孩子出生到6岁,这一阶段是一生中最容易受外界影响的阶段,是每个人自身发展

的最佳时期,也是人生的奠基时期,学前儿童健康教育是终身健康教育的基础阶段。学前儿童时期的健康不仅能提高学前儿童期的生命质量,而且为一生的健康赢得了时间。人的生命历程的每一阶段都必须高度重视健康问题,都必须吸取健康信息,任何时候放松了健康知识的学习和应用,健康就会远离自己。所以说对学前儿童进行健康教育,培养其健康的生活信念和生活方式,对提高他一生的生活质量和生命质量都是影响重大的。

3. 学前儿童健康教育是对学前儿童进行全面素质教育的不可或缺的组成部分

健康既是学前儿童身心和谐发展的结果,也是学前儿童身心充分发展的前提。学前儿童身心健康是其全面和谐发展的基本条件。健康的身体是学前儿童智力发展的基础。如学前儿童在进行适宜的身体运动时各器官、系统在形态、结构和机能上得到一定的完善和提高,从而为智力的活动提供了先决条件,身体运动对智力发展的重要价值在0—3岁儿童身上存在着高度关联。正如英国著名学者克罗威尔曾说过,"动作是智力大厦的砖瓦"。学前儿童健康教育在促进其身体健康发育、智育发展的同时,对学前儿童道德的发展也有着积极的影响,如学会关心公共环境卫生、讲究秩序等。丰富多彩的健康教育活动满足了学前儿童活泼好动的心理需要,同时也改变着学前儿童的不良习惯、学习自我服务技能,学会与同伴和谐相处,感受和创造健康美……这些都有利于学前儿童身心和谐全面的发展。

4. 学前儿童的身心健康是国家、民族发展的需要

《中共中央国务院关于深化教育改革,全面推进素质教育的决定》指出:"健康的体魄是青少年为祖国和人民服务的基本前提,是中华民族旺盛生命力的体现。"陈鹤琴先生认为:"健全的身体是一个人做人、做事、做学问的基础。""强国必先强种,强种必先强身,要强身先要注意幼年的儿童。"脑科学的研究结果进一步证明了人的大脑在3岁以前发育最快,脑的发育和外界环境、教育密切相关,年龄越小心理发展越迅速,特别是0—1岁婴儿的智能发展日新月异。人学习的许多关键期都在6岁以前,特别是3岁以前。0—6岁学前儿童的身心健康关系着国家和民族的未来。因此学前儿童的健康是提高人口素质、民族素质的重要保证。只有个体的身心健康,才能促进整个社会的健康发展,才能建设强大而繁荣的国家。关注人类早期的健康教育是国家、民族发展的需要。

二、学前儿童健康教育的含义

从出生到6、7岁,生长发育十分迅速但远未完善、心灵稚嫩纯洁但容易受到伤害、活泼好动但自我保护能力欠缺等特点,决定了"保护学前儿童的生命和促进学前儿童的健康"是幼儿园的首要任务。学前儿童健康教育是终身健康教育的基础,是学前教育最重要的组成部分。《纲要》中也明确规定幼儿园教育要与0—3岁儿童的保育教育以及小学教育相互衔接。因此,学前儿童健康教育是根据0—6岁学前儿童身心发展的特点,以提高学前儿童健康认识、改善学前儿童健康态度、培养学前儿童健康行为、维护和促进学前儿童健康为核心目标而开展的有组织、有计划、有目的的一系列教育活动。

三、学前儿童健康的标志

学前儿童健康应该是指学前儿童各器官、各组织的生长发育和心理发展良好,没有身心疾病或缺陷,如近视、沙眼、龋齿、脊柱弯曲等,性格开朗、情绪乐观,对自然和社会环境有较强的适应能力。具体内容如下。

(一)身体健康

1. 生长发育良好,体形正常,身体姿势端正

身高、体重、头围、胸围等项指标的数值均在该年龄组儿童发展的正常范围内;身材比例符合该年

龄组儿童发展的一般规律;身体各器官、系统的生理功能正常(如脉搏、血压、握力、肺活量等在本年龄组儿童发育的正常值内),并处于不断完善的过程;身体无疾病和缺陷(如贫血、佝偻病、龋齿、斜视、弱视、脊柱异常弯曲、扁平足等);食欲良好,睡眠好,精力较充沛等。

2. 机体对内、外环境有一定的适应能力

具有一定的抵抗疾病的能力,较少生病;对环境的变化(寒冷、炎热、冷热的交替)具有一定的适应能力;能适应多种体位的变化,如摆动、旋转、身居高处等。

3. 体能发展良好

身体的基本动作能适时地产生,如抬头、翻身、坐、爬、站立、走、跑等;各种基本动作能力不断提高;肌肉较有力,身体动作较平稳、准确、灵敏和协调;手眼协调能力发展良好等。

(二) 心理健康

学前儿童心理健康是指心理发展达到相应年龄组学前儿童的正常水平,情绪积极、性格开朗、无心理障碍,对环境有较快的适应能力。我国的儿科医学专家、学前儿童心理和教育专家主要从动作、认知、情绪、意志、行为及人际关系等方面衡量学前儿童的心理健康,认为学前儿童心理健康有以下六个标志。

1. 动作发展正常

动作发展与脑的形态及功能的发育密切相关,学前儿童躯体大动作和手指精细动作的发育水平处于正常范围是心理健康的基本条件。

2. 认知发展正常

正常的认知水平是学前儿童生活与学习的重要条件。学前期是儿童认知发展极为迅速的时期,应避免因各种原因造成的脑损伤或不适宜的环境刺激,防止学前儿童产生不健康心理。

3. 情绪稳定,情绪反应适度

情绪是一个人对客观事物的内心体验。它既是一种心理过程,又是心理活动赖以进行的背景。积极的情绪状态反映了中枢神经系统功能的协调性,亦表明个体的身心处于良好的平衡状态。学前儿童的情绪具有很大的冲动性和易变性,但随着年龄的增长,情绪的自我调节有所增强,稳定性逐渐提高,并开始学习合理地疏泄消极情绪。如果某个学前儿童经常处于消极的情绪状态,如整天闷闷不乐或一触即发、暴跳如雷,那么该儿童的心理也是不健康的。

4. 乐于与人交往,人际关系融洽

人际关系是指人在社会交往过程中所形成的建立在个人情感基础上的相互关系。学前儿童的人际关系虽然比较简单,人际交往的技能也比较差,但是,心理健康的儿童乐于与人交往,也希望通过交往获得别人的了解、信任和尊重。同伴关系对学前儿童的心理发展具有重要价值。良好的同伴关系是学前儿童心理健康发展的重要的精神环境,有利于他们形成自信、自尊、活泼开朗的性格。人际关系融洽的学前儿童乐于与人交往,能与同伴合作,游戏中能够谦让,乐于帮助他人。人际关系失调的学前儿童,往往远离同伴,或成为群体中不受欢迎者,容易形成自卑、孤僻等不健康的心理。

5. 性格特征良好

性格是个性中最核心、最本质的表现,它反映在对客观现实的稳定态度和习惯化了的行为方式中。心理健康的学前儿童,一般具有热情、勇敢、自信、主动、合作等性格特征,而心理不健康的学前儿童常常具有冷漠、胆怯、自卑、被动、孤僻等性格特征。

6. 没有严重的心理卫生问题

学前儿童不健康的心理往往以各种行为方式表现出来,诸如吮手指、遗尿、口吃、多动等。心理健康的学前儿童应没有严重的或复杂的心理卫生问题。在日常生活中,一个心理健康的儿童应该表现出:有充沛的精力;心情开朗、愉快,乐观;态度积极主动;能与小朋友和睦相处,在集体中受到欢迎和信任;能较好地适应环境的变化;没有不良行为、不良习惯;注意力集中;睡眠好。

(三)良好的社会适应能力

在社会生活中,每一个人都有人际交往、合作、友情、尊重等愿望和需要,这些需要的满足,都依赖于自己对社会的适应,同时,它们又能促进个体的社会适应能力的发展。学前儿童需要一定时间的睡眠和休息,需要合理的营养,需要适当的运动,需要一定的安全感,要依赖成人并受到保护,需要爱,需要自尊,需要被同伴接受,需要独立,要自己动手去解决生活问题等。对学前儿童来说,良好的社会适应能力主要表现在以下三个方面:

(1)能较快地融入集体生活;

(2)乐于与人交往合作,有良好的人际关系;

(3)能主动积极地应付各种压力,以保持他们与环境之间及自身内在的平衡。

四、影响学前儿童健康的因素

学前儿童的身体、心理和社会适应的健全状态有赖于他们所处的良好的自然环境和社会环境,也有赖于其自身状况,还与其作用于环境的方式以及环境对其的反作用有关联。因此,健康是诸多相互交叉、渗透、影响和制约因素交互作用的结果。从0—6岁儿童的生长发育特点上看,影响学前儿童健康的因素可以归纳为四类。

(一)环境因素

1.自然环境因素

影响人类的自然环境包括化学因素、物理因素和生物因素。自然环境有的是自然界固有的,有的是人为的,但都对学前儿童健康产生着影响。良好的自然环境能为学前儿童提供各类物质条件,维持和促进其正常的生命活动和健康的发展,也会为他们提供各种精神条件,使他们清醒愉悦、积极向上。如充足的阳光、新鲜的空气、清洁的水源、合理的膳食、安全的设施等都是保证和促进学前儿童健康的重要条件。

但是自然环境中也随时产生着、存在着和传播着危害学前儿童健康的因素。如不适当的温度、湿度、照明、空间和噪声等刺激长期作用,会影响学前儿童的生长发育,并影响其情绪和行为。调查表明,长期高强度的噪声刺激会使儿童大脑皮层兴奋抑制过程失调,条件反射异常,脑血管功能受损,自主神经功能紊乱,产生头痛、耳鸣、心悸、失眠、嗜睡、乏力等症状;在生活空间小的环境中生活的学前儿童侵犯性行为增多,焦虑水平高;营养过剩或不足会引起相应的病症;通过饮食、呼吸等途径可感染致病性细菌、病毒,引起相应的疾病。

2.社会环境因素

社会环境因素包括政治制度、社会经济、教育、文化、风俗习惯、人际关系等。政治制度是保障学前儿童健康发育和成长的根本保证,社会经济是影响学前儿童健康的一个不可缺少的条件。学前儿童所处的社会地位及所接受的教育也是影响他们健康的社会因素中的一个方面。

学前儿童生活的社会环境大到国家、社区,小到幼教机构、家庭等都对学前儿童的健康产生重要的影响。从出生到入小学来看,对他们影响较大的社会环境主要有家庭、托幼机构和社区。

(1)家庭:家庭是学前儿童早期生活的基本的社会环境。家庭经济和营养状况、家庭氛围、家庭的教养方式、家长的身心素质、生活方式等都与学前儿童的生长发育和身心健康密切相关。良好的家庭氛围可使学前儿童活泼、开朗、诚实、合群、求知好奇;相反,如果学前儿童和家庭成员的关系不好,家庭气氛冷漠,就会给学前儿童一种不安全感,使其长期处于不愉快的情绪之中,会使学前儿童胆怯、自私、嫉妒、孤独。一般说来,文化素质高身心素质好的父母,接受健康教育效果好,他们能用自己的健康知识、态度和行为去影响和教育子女,培养他们乐观上进的品格,培养他们健康的行为习惯,积极参加体育锻炼等,帮助他们形成有益于健康的行为习惯。俗话说,"父母是子女的样子,子女是父母的镜子"。父母是子女的第一任教师,父母的一言一行,对学前儿童的生活方式、个性塑造、人格形成、智力发展、价值观念的取向等都有潜移默化的影响。家长在提高自身的健康水平的同时,在家庭中注意培养学前儿童健康的行为习惯,同时与幼儿园健康教育同步进行,配合幼儿园开展相应内容的教育,将会对健康教育的实施效果起到推动作用。

（2）托幼机构:托幼机构是幼儿生活的又一个重要的社会环境,也是影响其身心健康的重要因素。托幼机构是对幼儿实施保育和教育的机构,承担着对幼儿提供保健服务的任务。托幼机构保健设施的完善程度和服务质量等直接影响着幼儿的健康状况。托幼机构对幼儿提供的保健服务不仅应体现在供给合理平衡的膳食、基本环境卫生设施、对幼儿进行健康检查、身心疾病的防治和生活的照顾等方面,而且更应体现在对幼儿实施健康教育上。"幼儿园应为幼儿提供健康、丰富的生活和活动环境,满足他们多方面发展的需要,使他们在快乐的童年生活中获得有益于身心发展的经验。"为此,托幼机构应当重视创设健康的物质生活环境,例如,园内设置警示标志、大型活动器械定期检修并有保护设施、自来水龙头旁的洗手图示、就餐时的轻音乐等,让物体与空间更有益于学前儿童的健康。《纲要》同时指出:"教师的态度和管理方式应有助于形成安全、温馨的心理环境;言谈举止应成为学前儿童学习的良好榜样。"教师应"以关怀、接纳、尊重的态度与学前儿童交往"。《幼儿园教师专业标准》（以下简称《标准》）专业理念与师德维度中明确要求:关爱幼儿,重视幼儿身心健康,将保护幼儿生命安全放在首位。尊重幼儿人格,维护幼儿合法权益,平等对待每一个幼儿。不讽刺、挖苦、歧视幼儿,不体罚或变相体罚幼儿。信任幼儿,尊重个体差异,主动了解和满足有益于幼儿身心发展的不同需求。重视生活对幼儿健康成长的重要价值,积极创造条件,让幼儿拥有快乐的幼儿园生活。为此,托幼机构还应当积极构建健康的心理环境,重点关注如何创设和谐包容的班级氛围、平等鼓励的师幼关系和互帮互助的家园关系,使学前儿童情绪安定、心情愉快。要充分认识到心理环境对学前儿童的影响有时比物质环境的影响更为深刻,要根据学前儿童的情绪和行为表现反思、调整和改进心理环境。这些措施都将促进和维护学前儿童的身心健康。

（3）社区:社区是由生活在一定地域范围内的人们所形成的一种社会生活共同体,它既是人们聚集、生活的一定地域,也是社会成员参与社会活动的基本场所。它是具体的地方社会,是大社会的缩影。学前儿童生活在这里,周围的一些人口、地理、环境、经济、文化、组织等资源,都将对学前儿童的身心健康产生影响。学前儿童的身心保健既是个人的义务,也是全社会的责任。利用社区环境对学前儿童进行健康教育是教育的需要,也是社会发展的需要。如社区中的健康教育机构、医疗卫生机构、宣传和新闻部门、文化和娱乐部门、各类社会团体等都是我们在对学前儿童进行健康教育时可利用的社会环境资源。为保证健康教育取得良好的效果,我们一定要调动各种社会力量,发挥各自的优势和特点,参与配合托幼机构的健康教育活动,为学前儿童一生的健康打下良好的基础。

（二）生物学因素

在影响学前儿童健康的生物学因素中,遗传和生理学是重要的因素。学前儿童正处于迅速的生长发育的过程中,其机体的生理状态在不断变化中。机体自身某一部位的发育障碍,或者机体遭受损伤等,都会影响学前儿童的身心健康。例如,由于病变、外伤、中毒等原因而引起学前儿童神经系统,特别是脑的损伤,会随之发生个体生理活动失常,还可引起机体,特别是各内脏器官器质性或功能性的继发改变以及心理活动的某些变化。

（三）生活方式

生活方式指人们长期受一定文化、民族、经济、社会、风俗、规范,特别是家庭影响而形成的一系列生活习惯、生活制度和生活意识。生活方式是影响人体健康的重要因素。它包括个人嗜好、饮食习惯、职业危害和业余时间有害健康的活动等。调查显示:每个人的健康与寿命60%取决于自己（行为与生活方式）,15%取决于遗传因素,10%取决于气候（严寒与酷暑）。健康行为取决于人们选择这些生活方式的行动过程。如吸烟、酗酒、饮食习惯引起的营养不良和营养过剩等已严重影响着人们的身体健康。当今不良的生活方式已经成为现代社会中影响人们健康的最为主要的因素。人类主要死亡原因由数十年前的呼吸系统疾病、急性传染病、消化系统疾病等转变为心血管系统疾病、恶性肿瘤、事故等,而后者与人的生活方式与行为密切相关,如摄入过量的高脂肪、高热量的食物、吸烟、缺乏体力劳动等都容易引发心血管系统的疾病。我国提出的健康生活方式的建议如下:心胸豁达,情绪乐观;劳逸结合,坚持锻炼;生活规律,善用闲暇;营养适当,防止肥胖;不吸烟,不酗酒;家庭和谐,适应环境;与人为善,自尊自重;爱好清洁,注意安全。

学前儿童期是人逐渐形成自己的生活方式的起始阶段,接受并形成良好的生活方式与行为将对其一生健康大有益处。在学前阶段,有益于健康的生活方式包括:合理平衡的膳食;有规律的生活;坚持体育运动;定期接受健康检查;保持稳定和乐观的情绪;自尊自重等。

(四)卫生保健设施

托幼机构是对学前儿童实施保育和教育的机构,承担着对学前儿童提供保健服务的任务,托幼机构卫生保健设施的完善程度、服务质量等都会直接影响到学前儿童的健康状况。

事实上,影响学前儿童健康的因素在生活中是交互作用的,难以分割清楚,我们应该用系统、全面的观点去认识各种因素对学前儿童健康的影响。

思考与练习

1. 请调查一下你周围的同学、老师对健康有什么看法,对照教材看看他们的看法与教材有什么异同?

2. 什么是健康教育? 谈谈你对健康教育的看法。

3. 学前儿童健康有哪些标志?

4. 试举例说说影响学前儿童健康的因素有哪些。

第二章　学前儿童健康教育的目标和内容

教学课件

本章重点

◇ 学前儿童健康教育的总目标和《指南》中幼儿健康领域的目标。

◇ 学前儿童健康教育的内容及选择时应注意的问题。

◇ 学前儿童健康教育应遵循的原则。

◇ 学前儿童健康教育活动的设计与组织。

《纲要》明确要求："幼儿园必须把保护幼儿的生命和促进幼儿的健康放在工作的首位。"幼儿园健康教育目标是幼儿园健康教育活动的出发点和归宿,幼儿健康教育内容的选择应该根据教育目标,而教育目标要以教育内容为依据才能得到落实。本章主要论述学前儿童健康教育的目标、学前儿童健康教育的内容和选择时应注意的问题以及学前儿童健康教育应遵循的原则。通过本章的学习,应理解并掌握学前儿童健康教育的目标、内容,并具备在实际工作中有针对性地确定学前儿童健康教育的目标、内容的能力。

第一节　婴儿健康教育的目标和内容

对0—3岁阶段的婴儿究竟应如何开展教育,如何科学地确定其教育目标、教育内容,目前争论还比较大。"基于0—3岁婴儿身心发展的特点和规律,对他们的教育必须与培养密切配合来进行。""保教并重的教养方式是婴儿教育的基本原则。"0—3岁阶段婴儿教育更多地涉及健康教育。这里,呈现一份《上海市0—3岁婴幼儿教养方案(试行)》中提出的0—3岁阶段的婴儿教养内容与要求,可供参考。

(一)新生儿

(1)自然睡眠,房间空气清新,温度适宜,洁净温馨。

(2)按需哺乳,面带微笑,目光注视,经常进行肌肤抚触与搂抱。

(3)勤洗澡、换衣裤和尿布,保持皮肤清洁和干燥,经常对眼睛、脐部、大小便进行观察。

(4)提供适量的视听刺激,常听舒缓柔和的音乐声、玩具声和讲话声,常看会动的玩具和人脸等,适宜距离为15—30厘米。

(二)1—3个月

(1)自然形成有规律的哺乳、睡眠,及时添加生长所需的营养补充剂。

(2)在适宜时间内进行适量的户外活动和户外睡眠。

(3)提供便于抓握、带声响、色彩鲜艳、无毒卫生的玩具,练习俯卧抬头、目光追视、抓握、侧翻等动作。

（4）在逗引交流中,对亲近的人和声音产生反应,从微笑发展到大声笑,情绪愉快,培育母婴依恋亲情。

（三）4—6个月

（1）睡眠时间充足,逐渐养成自然入睡、有规律睡眠的习惯。

（2）用小手扶着奶瓶吸吮奶、水,按月龄添加辅助食品,逐渐形成定时喂哺。

（3）在穿衣、盥洗中,乐意接受洗脸、洗手、洗屁股、洗澡。

（4）学习翻身和靠坐,主动伸手抓住玩具,并双手自玩。

（5）学习辨别亲近人的声音,转向发声（叫他名字）的方向,用"咿呀"声与人交流。

（6）注视和学习辨认周围生活环境中的人、物和事。

（7）对熟悉的音乐有愉快的情绪反应。

（四）7—12个月

（1）逐渐形成定时睡眠（白天2—3次,一昼夜13—15小时）,自然入睡。

（2）逐渐提供各类适宜的食物,初步适应咀嚼、吞咽固体食品,尝试用杯喝水、用勺喂食。

（3）配合成人为其穿衣、剪指甲、理发和盥洗等活动。学着坐盆排便,对大小便的语音信号有反应,有一定的排便规律。

（4）练习独坐、爬行、扶住行走、捏拿小物件,学做简单的模仿动作。

（5）模仿成人的发音,听懂简单的词,并做出相应的反应（如指认五官等）。

（6）用表情、动作、语音等回应他人。

（7）跟着音乐节律随意摆动身体。

（五）13—18个月

（1）按时起床、入睡,醒后不哭吵,情绪保持愉快（白天睡1—2次,一昼夜睡12—14小时）。

（2）自己用杯子喝水（奶）,停用奶瓶吸吮,尝试在成人的帮助下用小勺自己进食,形成定时、定位专心进餐的习惯。

（3）饭前要洗手,饭后要擦嘴、喝水漱口。学用语言或动作表示大小便,并在厕所坐盆便溺。

（4）练习独立行走、下蹲、转弯,学着扶栏杆上下小楼梯等。

（5）选择自己喜欢的玩具进行摆弄和玩乐。

（6）模仿成人的单词或短句,学着称呼人、用单词句表达自己的需求。

（7）尝试用喜、怒、哀、乐行为表达自己的情感。

（8）感知周围生活环境中的花草和树木、人和物,会指指认认。

（9）感受音乐节奏带来的快乐,跟着音乐做肢体动作,尝试涂涂画画。

（六）19—24个月

（1）有充足的睡眠时间（一昼夜睡12—13小时）,睡前要脱衣裤。

（2）学用小勺自己进餐,养成吃一口、嚼一口、咽一口的习惯,口渴时喝水。

（3）在盥洗时学着使用肥皂、毛巾。在成人的帮助下学脱鞋子、裤子、袜子和外衣。

（4）练习自如地走、跑,双脚原地并跳,举手过肩扔球,叠高小积木,串大珠子,并学着收放玩具。

（5）学用简单句（双词句）表达自己的需求,说出自己的名字,喜欢亲子阅读、听故事、学念儿歌。

（6）辨别周围生活环境中的常见物,对物体形状、冷热、大小、颜色、软硬差别明显的特征有初步的认知体验。

（7）经提醒与人打招呼,学着在同伴中玩耍、游戏。初步懂得简单是非,学着遵守规则。

（8）随着音乐节奏做模仿动作,跟唱简单的歌曲,喜欢涂涂画画。

（七）25—36个月

（1）按时上床,安静入睡,醒后不影响别人,养成良好的睡眠习惯。

（2）用小勺吃完自己的一份饭菜,愿意吃各种食物,自主地用杯喝水（奶）。

（3）学用肥皂、毛巾自己洗手擦脸，主动如厕。

（4）有模仿成人做事的兴趣，学习自己穿脱简单衣裤、鞋袜，自己洗脸、洗手等。

（5）练习钻爬、上下楼梯，学走小斜坡，体验到其中的乐趣，有初步的环境适应能力。

（6）操作摆弄积木、珠子、纸、橡皮泥等玩具，提高手指的灵活性和手眼协调性。

（7）学用普通话来表达自己的需求，乐意参加阅读活动，喜欢讲述事情和学讲故事、唱儿歌，理解并乐意执行成人简单的语言指令。

（8）在生活中感知常见的动植物和简单的数，觉察指认颜色、形状、时间（昼夜）、空间（上下、内外）等明显的不同。开始了解人、物、事之间的简单关系。

（9）逐渐适应集体生活，愿意亲近老师和同伴，淡化与父母的依恋。有初步的自我安全保护意识。学习对人有礼貌，不影响别人的活动。

（10）跟着唱唱跳跳，用声音、动作、涂画、粘贴等多种方式表达自己的感受。

第二节 幼儿健康教育的目标

一、幼儿健康教育的目标

幼儿园健康教育目标是幼儿的身心发展达到预期的健康水平的教育结果，是幼儿园健康教育活动的出发点和归宿，它对幼儿的身心保健起规范作用，是科学开展幼儿健康教育活动的关键，是确定幼儿年龄阶段目标和具体活动目标的依据，也有利于健康教育效果的评价。幼儿园健康教育目标可以并应该从不同层面加以考虑，一般认为，幼儿园健康教育目标包含三个层面——总目标（终极目标）、年龄阶段目标和活动目标，有时还从领域内容角度分出内容分类目标。

总目标（终极目标）是幼儿园健康教育的最终目的，是制定其他所有健康教育活动目标的重要依据。《纲要》明确提出了幼儿园健康领域的总目标为以下四条：

（1）身体健康，在集体生活中情绪安定、愉快；

（2）生活、卫生习惯良好，有基本的生活自理能力；

（3）知道必要的安全保健常识，学习保护自己；

（4）喜欢参加体育活动，动作协调、灵活。

上述总目标体现了以下三个方面的价值取向：

第一，身心和谐。幼儿健康应包括身体健康和心理健康两个方面：幼儿的身体健康以发育健全、具备基本的生活自理能力为主要特征；幼儿的心理健康以情绪愉快、适应集体生活为主要特征。由于幼儿的身体健康与幼儿的心理健康是密不可分的两个方面，因此有的目标如"生活、卫生习惯良好"既包含日常生活中的盥洗、排泄等生理意义的卫生习惯，也包含没有吮吸手指等心理意义的问题行为，只有身心和谐发展才能真正既保证身体的健康又保证心理的健康。

第二，保护与锻炼并重。目标既重视掌握必要的保健知识、提高保护自身的能力，又强调通过体育活动提高身体素质。其中，了解必要的安全保健知识并提高相应技能是保健教育的主要目标，培养对体育活动的兴趣、增强动作的协调性和灵活性是体育锻炼的主要目标。

第三，注重健康行为的形成。对于健康心理学家以及健康教育工作者而言，最大的挑战莫过于如何鼓励、说服甚至迫使人们养成健康有益的行为习惯。因此，虽然提高幼儿的健康意识、改善幼儿的健康态度、培养幼儿的健康行为都是幼儿健康教育的目标，但幼儿健康行为的养成被视为幼儿健康教育的核心目标，探讨幼儿健康行为建立、改变和巩固的一般规律是幼儿健康教育研究的重点。

二、《指南》中幼儿健康目标的表述

《指南》是为深入贯彻《国家中长期教育改革和发展规划纲要(2010—2020年)》和《国务院关于当前发展学前教育的若干意见》(国发〔2010〕41号),指导幼儿园和家庭实施科学的保育和教育,促进幼儿身心全面和谐发展而制定的。《指南》以为幼儿后继学习和终身发展奠定良好素质基础为目标,以促进幼儿体、智、德、美各方面的协调发展为核心,通过提出3—6岁各年龄段儿童学习与发展目标和相应的教育建议,帮助幼儿园教师和家长了解3—6岁幼儿学习与发展的基本规律和特点,建立对幼儿发展的合理期望,实施科学的保育和教育,让幼儿度过快乐而有意义的童年。

《指南》中关于健康领域,按照幼儿学习与发展最基本、最重要的内容划分为若干方面。每个方面由"学习与发展目标"和"教育建议"两部分组成。目标部分分别对3—4岁、4—5岁、5—6岁三个年龄段末期幼儿应该知道什么、能做什么,大致可以达到什么发展水平提出了合理期望,指明了幼儿学习与发展的具体方向。

表2-1至表2-9呈现了《指南》中健康领域从身心状况、动作发展、生活习惯与生活能力三个维度提出的具体目标。

(一) 身心状况

表2-1　幼儿身心状况目标1　具有健康的体态

3—4岁	4—5岁	5—6岁
1. 身高和体重适宜。参考标准: 男孩: 身高:94.9—111.7厘米 体重:12.7—21.2公斤 女孩: 身高:94.1—111.3厘米 体重:12.3—21.5公斤 2. 在提醒下能自然坐直、站直	1. 身高和体重适宜。参考标准: 男孩: 身高:100.7—119.2厘米 体重:14.1—24.2公斤 女孩: 身高:99.9—118.9厘米 体重:13.7—24.9公斤 2. 在提醒下能保持正确的站、坐和行走姿势	1. 身高和体重适宜。参考标准: 男孩: 身高:106.1—125.8厘米 体重:15.9—27.1公斤 女孩: 身高:104.9—125.4厘米 体重:15.3—27.8公斤 2. 经常保持正确的站、坐和行走姿势

注:身高和体重数据来源于《2006年世界卫生组织儿童生长标准》4、5、6周岁儿童身高和体重的参考数据。

表2-2　幼儿身心状况目标2　情绪安定愉快

3—4岁	4—5岁	5—6岁
1. 情绪比较稳定,很少因一点小事哭闹不止 2. 有比较强烈的情绪反应时,能在成人的安抚下逐渐平静下来	1. 经常保持愉快的情绪,不高兴时能较快缓解 2. 有比较强烈情绪反应时,能在成人提醒下逐渐平静下来 3. 愿意把自己的情绪告诉亲近的人,一起分享快乐或求得安慰	1. 经常保持愉快的情绪。知道引起自己某种情绪的原因,并努力缓解 2. 表达情绪的方式比较适度,不乱发脾气 3. 能随着活动的需要转换情绪和注意

表2-3　幼儿身心状况目标3　具有一定的适应能力

3—4岁	4—5岁	5—6岁
1. 能在较热或较冷的户外环境中活动 2. 换新环境时情绪能较快稳定,睡眠、饮食基本正常 3. 在帮助下能较快适应集体生活	1. 能在较热或较冷的户外环境中连续活动半小时左右 2. 换新环境时较少出现身体不适 3. 能较快适应人际环境中发生的变化。如换了新老师能较快适应	1. 能在较热或较冷的户外环境中连续活动半小时以上 2. 天气变化时较少感冒,能适应车、船等交通工具造成的轻微颠簸 3. 能较快融入新的人际关系环境。如换了新的幼儿园或班级能较快适应

（二）动作发展

表 2-4　幼儿动作发展目标 1　具有一定的平衡能力，动作协调、灵敏

3—4 岁	4—5 岁	5—6 岁
1. 能沿地面直线或在较窄的低矮物体上走一段距离 2. 能双脚灵活交替上下楼梯 3. 能身体平稳地双脚连续向前跳 4. 分散跑时能躲避他人的碰撞 5. 能双手向上抛球	1. 能在较窄的低矮物体上平稳地走一段距离 2. 能以匍匐、膝盖悬空等多种方式钻爬 3. 能助跑跨跳过一定距离，或助跑跨跳过一定高度的物体 4. 能与他人玩追逐、躲闪跑的游戏 5. 能连续自抛自接球	1. 能在斜坡、荡桥和有一定间隔的物体上较平稳地行走 2. 能以手脚并用的方式安全地爬攀登架、网等 3. 能连续跳绳 4. 能躲避他人滚过来的球或扔过来的沙包 5. 能连续拍球

表 2-5　幼儿动作发展目标 2　具有一定的力量和耐力

3—4 岁	4—5 岁	5—6 岁
1. 能双手抓杠悬空吊起 10 秒左右 2. 能单手将沙包向前投掷 2 米左右 3. 能单脚连续向前跳 2 米左右 4. 能快跑 15 米左右 5. 能行走 1 公里左右（途中可适当停歇）	1. 能双手抓杠悬空吊起 15 秒左右 2. 能单手将沙包向前投掷 4 米左右 3. 能单脚连续向前跳 5 米左右 4. 能快跑 20 米左右 5. 能连续行走 1.5 公里左右（途中可适当停歇）	1. 能双手抓杠悬空吊起 20 秒左右 2. 能单手将沙包向前投掷 5 米左右 3. 能单脚连续向前跳 8 米左右 4. 能快跑 25 米左右 5. 能连续行走 1.5 公里以上（途中可适当停歇）

表 2-6　幼儿动作发展目标 3　手的动作灵活协调

3—4 岁	4—5 岁	5—6 岁
1. 能用笔涂涂画画 2. 能熟练地用勺子吃饭 3. 能用剪刀沿直线剪，边线基本吻合	1. 能沿边线较直地画出简单图形，或能边线基本对齐地折纸 2. 会用筷子吃饭 3. 能沿轮廓线剪出由直线构成的简单图形，边线吻合	1. 能根据需要画出图形，线条基本平滑 2. 能熟练使用筷子 3. 能沿轮廓线剪出由曲线构成的简单图形，边线吻合且平滑 4. 能使用简单的劳动工具或用具

（三）生活习惯与生活能力

表 2-7　幼儿生活习惯与生活能力目标 1　具有良好的生活与卫生习惯

3—4 岁	4—5 岁	5—6 岁
1. 在提醒下，按时睡觉和起床，并能坚持午睡 2. 喜欢参加体育活动 3. 在引导下，不偏食、挑食。喜欢吃瓜果、蔬菜等新鲜食品 4. 愿意饮用白开水，不贪喝饮料 5. 不用脏手揉眼睛，连续看电视等不超过 15 分钟 6. 在提醒下，每天早晚刷牙、饭前便后洗手	1. 每天按时睡觉和起床，并能坚持午睡 2. 喜欢参加体育活动 3. 不偏食、挑食，不暴饮暴食。喜欢吃瓜果、蔬菜等新鲜食品 4. 常喝白开水，不贪喝饮料 5. 知道保护眼睛，不在光线过强或过暗的地方看书，连续看电视等不超过 20 分钟 6. 每天早晚刷牙、饭前便后洗手，方法基本正确	1. 养成每天按时睡觉和起床的习惯 2. 能主动参加体育活动 3. 吃东西时细嚼慢咽 4. 主动饮用白开水，不贪喝饮料 5. 主动保护眼睛。不在光线过强或过暗的地方看书，连续看电视等不超过 30 分钟 6. 每天早晚主动刷牙，饭前便后主动洗手，方法正确

表2-8　幼儿生活习惯与生活能力目标2　具有基本的生活自理能力

3—4岁	4—5岁	5—6岁
1. 在帮助下能穿脱衣服或鞋袜 2. 能将玩具和图书放回原处	1. 能自己穿脱衣服、鞋袜、扣纽扣 2. 能整理自己的物品	1. 能知道根据冷热增减衣服 2. 会自己系鞋带 3. 能按类别整理好自己的物品

表2-9　幼儿生活习惯与生活能力目标3　具备基本的安全知识和自我保护能力

3—4岁	4—5岁	5—6岁
1. 不吃陌生人给的东西，不跟陌生人走 2. 在提醒下能注意安全，不做危险的事 3. 在公共场所走失时，能向警察或有关人员说出自己和家长的名字、电话号码等简单信息	1. 知道在公共场合不远离成人的视线单独活动 2. 认识常见的安全标志，能遵守安全规则 3. 运动时能主动躲避危险 4. 知道简单的求助方式	1. 未经大人允许不给陌生人开门 2. 能自觉遵守基本的安全规则和交通规则 3. 运动时能注意安全，不给他人造成危险 4. 知道一些基本的防灾知识

第三节　幼儿健康教育的内容

一、幼儿健康教育的内容

幼儿健康教育的内容是为完成幼儿健康目标服务的。随着"健康"和"健康教育"内涵的扩展而扩展，主要内容大致包括身体健康教育和心理健康教育两大方面，具体内容在《指南》与后面章节中均有所涉及。

(一)幼儿身体健康教育
幼儿身体健康教育主要包括体育锻炼、生活卫生习惯、饮食与营养、安全自护四个方面。

(二)幼儿心理健康教育
幼儿心理健康教育主要包括以下五个方面：
(1) 学习表达和调节自己情绪的方法；
(2) 培养社会交往能力；
(3) 锻炼独立生活和学习的能力；
(4) 养成包括讲礼貌、热爱集体、与同伴友好相处、爱护公共卫生和设施、爱护花草树木和小动物等良好的习惯；
(5) 性教育。

二、选择幼儿健康教育内容应注意的问题

(一)教育的内容与目标要保持一致
幼儿健康教育内容的选择应该根据教育目标，教育目标要以教育内容为依据才能得到落实。事实上，幼儿健康教育的目标已经界定了幼儿健康教育的内容，并且提示了内容的要点。幼儿健康教育的目标是选择幼儿健康教育内容的基准。例如，对小班初入园幼儿，教师制定并提出了"情绪稳定，对

幼儿园环境有兴趣和愿意与同伴交往并参加本班的活动"的培养目标,在教育内容的选择上,应紧密围绕目标,可以选择木偶表演《乖宝宝上幼儿园》,参观幼儿园各项活动、学习歌曲《我上幼儿园》等内容。值得注意的是,"条条大路通罗马",实现相同的健康教育目标可以选择不同的健康教育内容,应体现同一健康教育目标下健康教育内容的多元化。

(二)教育内容与幼儿身心发展及生活经验相关联

幼儿健康教育内容的选择还要与幼儿身心发展及生活经验相关联,任何背离幼儿身心发展规律的目标最终都无法达成。幼儿身体各器官各组织的发育还不成熟,功能不完善,心理正处于发展阶段,思维水平相对较低。在选择幼儿园健康教育的内容时,要符合幼儿身心发展的水平,紧密联系其生活经验,针对幼儿的健康现状及其发展趋势,幼儿才感兴趣,教育效果也比较理想。例如,大班的幼儿普遍出现换牙现象,教师可设计健康教育活动"换牙了",开展这个健康教育,幼儿容易理解,教育效果突出,但如果将此内容放到小班去进行,则意义不大,效果也不好。不过,有时,同样的健康教育的内容也可在不同年龄班开展,但其教育目标和对幼儿的具体要求不一样,教师应该根据幼儿的年龄特点和个体差异,选择适宜的教育内容。

(三)教育内容要为幼儿一生发展服务

幼儿健康教育要体现终身教育的理念。教育的根本目的是:使儿童能够一生持续地学习,有尊严地、有质量地生活,不仅是未来的生活,也包括现实的生活;让他们能够为自己所处的环境作出充分的贡献,并且有能力把握自己的人生。

教育应围绕四种基本学习加以安排:学会认知,即获取理解的手段;学会做事,以便能够对自己所处的环境产生影响;学会共同生活,以便与他人一道参加活动并在这些活动中进行合作;学会生存,这是前三种学习成果的主要表现形式。这四种学习将是每个人一生中的知识支柱。

《纲要》明确指出,"幼儿园教育是基础教育的重要组成部分,是我国学校教育和终身教育的奠基阶段",它应"为幼儿一生的发展打好基础"。幼儿健康教育应符合《纲要》的要求,精选"为幼儿一生的发展打好基础"的内容,不能只注重眼前效果、短期效益。例如,开展健康教育活动"爱护牙齿",有些教师更热衷于教孩子学习《刷牙歌》,不注重刷牙知识的获得和行为习惯的养成,而从健康教育的角度来讲,后者对孩子终身的发展更为有益。再如,有些小班教师或保育员为了完成带量食谱规定的进食量,不顾幼儿感受,大声呵斥幼儿加快进餐速度,更有甚者,强行一匙一匙塞饭,导致幼儿害怕吃饭、厌食,甚至不想上幼儿园,但教师振振有词,认为孩子不吃饭会影响健康,这样做是为了孩子好。这种做法只注重身体保健,忽视了心理保健,殊不知,因此而导致的后果更加严重。

(四)教育内容要具有时代性

幼儿健康教育的内容应紧密联系当前实际,具有时代性。我国著名教育家陶行知先生主张"生活即教育,社会即学校",学前教育不能局限于狭小的教室里,幼儿生活的大自然、大社会都可以作为学前教育的场所、范围和内容。教育内容应该来源于生活,服务于生活。我国著名的幼儿教育家陈鹤琴先生提出"活教育"理论,指出"活教育"的目的就是"做人、做中国人、做现代中国人",强调"大自然、大社会,都是活教材……(教育内容应该)生气勃勃"。当前社会发展迅速,新生事物层出不穷,在幼儿健康教育内容的选择上,应体现一定的时代特点,和幼儿当前生活紧密结合。例如,目前手机已经普及每个家庭,幼儿非常熟悉,教师在开展幼儿安全自护教育时,完全可以将使用手机求救列入教育内容。

三、实施幼儿健康教育应遵循的原则

(一)主体性原则

从教育的角度看,任何教育只有通过受教育者的内化才能完成,学生是教育活动的主体,在教育界已基本取得共识。"学生的主体性,是指在教育活动中,作为主体的学生在教师引导下处理同外部世界关系时所表现出的功能特征,具体表现为选择性、自主性、能动性和创造性",实施幼儿健康教育,无论是目标的制定,内容的选择,还是方法的运用,均应体现出以幼儿为主体。例如,应该根据幼儿的兴趣和身心发展特点来制定目标,选择内容,运用幼儿喜爱的方法,促使幼儿从"要我学"变成"我要学""我爱学"。《指南》中亦指出:幼儿身心发育尚未成熟,需要成人的精心呵护和照顾,但不宜过度保护和包办代替,以免剥夺幼儿自主学习的机会,养成过于依赖的不良习惯,影响其主动性、独立性的发展。

(二)科学性原则

开展幼儿健康教育还要讲究科学性原则,目标的制定要科学,教育内容的选择要科学,教学方法要科学。要教给孩子正确的健康知识,概念要明确,数据要可靠,不能违背科学事实,比如误把细菌叫作虫子。还要帮助幼儿养成正确的健康行为、习惯,须知,错误的健康行为、习惯一旦养成,则很难纠正。

(三)发展性原则

幼儿健康教育要为孩子的现实发展负责,同时更要为孩子的终身发展担负责任,应使每个孩子在原有水平上得到发展。幼儿健康教育目标的制定、内容的选择,要考虑略高于儿童现有水平,同时又是儿童经过努力可以完成的;同时,要注重个别差异,活动的组织,以小组、个别活动为主,集体活动为辅,从而加强对个别学生的指导,实现每个儿童的发展;另外,幼儿健康教育不仅仅要促进孩子现实的发展,同时更要为孩子的终身发展担负责任,不能只顾眼前学到了什么或眼前是否快乐。例如,只强调健康技能的习得却使孩子丧失了学习的兴趣和进行创造性学习的愿望,只注重自由快乐的气氛,却又使一些孩子养成了无所事事、懒惰散漫的坏习惯,开展幼儿健康教育要尽量结合幼儿终身发展的需要来设计课程。

(四)整合性原则

《纲要》明确指出:"教育活动内容的组织应充分考虑幼儿的学习特点和认识规律,各领域的内容要有机联系,相互渗透,注重综合性、趣味性、活动性,寓教育于生活、游戏之中。""幼儿教育是以 3—6 岁的幼儿作为对象的教育,幼儿的身心发展特点和学习特点决定了幼儿教育必须是整体性的教育,幼儿教育需要高度的整合……幼儿的发展是整体的、全面的,幼儿教育应注重整体性和全面性。"

在开展幼儿健康教育时,应该具有整合的观念,切不可人为地割裂有益于幼儿发展的整体经验。可以在本领域内整合幼儿健康教育的课程,如整合幼儿身体保健和幼儿心理保健的内容,整合幼儿身心保健与幼儿身体锻炼的内容;也可以进行超领域的整合,如整合幼儿健康教育领域和幼儿科学教育领域的内容,整合幼儿健康教育领域和幼儿艺术教育领域的内容等,实现课程的整合,更好地促进幼儿发展。事实上,幼儿身心发展的特点决定了幼儿园任何领域的教育都应该把幼儿的健康放在第一位,开展幼儿健康教育必然要和其他领域的课程相融合。例如,开展幼儿唱歌、绘画活动时,要讲究卫生,注意保护发声器官,形成正确的姿势;开展语言活动,与人交往,促进健全人格的形成等。

(五)全方位渗透原则

幼儿健康教育应渗透于幼儿的一日生活之中,"一日生活即课程"。"幼儿园的教育活动,是教师以多种形式有目的、有计划地引导幼儿生动、活泼、主动活动的教育过程。"幼儿健康教育的形式可以多种多样,可以是教师精心设计的健康教学活动,即"上健康课",也可以是日常生活中的健康教育,两者应相结合。

同时,幼儿园健康教育还应该取得家庭和社区的积极配合、支持。家庭和环境是十分重要的课程资源,"幼儿园应与家庭、社区密切合作,与小学相互衔接,综合利用各种教育资源,共同为幼儿的发展创造良好的条件"。《标准》专业能力维度中提出:幼儿园教师要善于倾听,和蔼可亲,与幼儿进行有效沟通;与同事合作交流,分享经验和资源,共同发展;与家长进行有效沟通合作,共同促进幼儿发展;

协助幼儿园与社区建立合作互助的良好关系。显然,幼儿健康教育的实施,要积极争取家长的理解和支持,努力创设和利用环境,开展幼儿园、家庭和社区一体化教育,三者相互协调、相互补充,全方位促进幼儿的身心健康发展。

四、幼儿健康教育活动的设计与组织

(一)幼儿健康教育活动

幼儿健康教育活动是幼儿园最重要、最基本的活动,是幼儿一切发展的前提和基础。幼儿期身心是否健康对其终身产生深远影响。所谓幼儿健康教育活动一般有广义和狭义两种理解。

广义的幼儿健康教育指学前教育机构全部健康活动的总和,包括专门的和非专门的,集体的和个别的健康教育。根据《纲要》的精神,任何教育活动都要有机地渗透,贯彻整合的、活动的、平衡的发展理念,在生活、游戏、劳动等任何的活动中都要促进幼儿健康教育的发展,凡是达成健康教育活动目标的活动均可称为广义的幼儿健康教育活动。

狭义的幼儿健康教育活动指根据幼儿健康教育的目标和任务,根据社会的需求和学前儿童的身心发展规律而专门设计的多种形式的、有目的、有计划地引导幼儿主动活动的学习过程。一般是指教师组织的集体或分组的健康教育活动。下面就幼儿健康教育活动总的谈一谈设计与指导(适宜各类健康教育活动)。

(二)具体幼儿健康教育活动方案的设计

1.活动课题名称

教学活动课题名称应包括年龄班、活动内容与名称。例如,课题:大班身体保健活动"牙齿掉了怎么办"。

2.活动目标

每一个具体的教育活动在实施前一般都有确定的目标,即使是生成性的活动,教师心中也有设想好的目标,幼儿健康教育活动目标在内容上一般包含认知、情感态度和能力三个维度。

目标的表达要明确具体,操作性强,便于评价,避免目标过大,表达笼统,教师难以把握。目标表达不要用"教会、培养"等带有强迫幼儿学习的意思的词语;可以多用让幼儿"体会、感受、练习、引发、指导"等词语。

> **案例**
>
> ### 中班健康活动"预防传染病方法多"
>
> **活动目标:**
> 1.知道细菌、病毒进入身体会使我们得病,了解传染病的基础症状及预防小常识。
> 2.能根据已有经验积极协商绘制预防传染病海报,大胆讲述预防传染病的方法。
> 3.感受预防传染病的重要性,消除对传染病的恐惧心理,激发向周围人宣传的责任意识。

3.活动重、难点

教学活动重点是一次教学活动的重要目标,难点是对幼儿学习过程中可能出现的困难的估计。换句话说,重点是针对目标和内容而言,难点是针对幼儿而言。找出重点是为了突出、强化,找出难点是为了帮助、克服。

4.活动准备

教学活动准备包括活动过程中儿童必需的知识经验、心理准备和教师教具准备等。

5. 活动过程

活动过程设计包括活动导入、基础活动安排、提问设计、活动形式和方法、活动小结、活动延伸等。

6. 活动反思

活动反思是教学活动不可缺少的重要一环,教师可通过活动反思,自我诊断,找到自己设计和组织过程中的优势和不足,以便及时调整和改进工作,促进每一个儿童的发展,提高活动质量。

(三)健康教育活动的指导

1. 教师教育观念的转变和角色定位

师幼关系是幼儿教育中的基本关系,良好的师幼关系是顺利完成活动目标的保证,在《纲要》精神指导下,应该做一系列的转变。由原先的"消费者"转变为"生产者",从"教书匠"转变为"研究者",从"点菜者"转变为"菜单提供者",从"施教者"转变为"引导者",从"独奏者"转变为"伴奏者"。《纲要》强调,教师是幼儿学习的合作者、参与者和引导者,活动过程是师幼交往、共同发展的互动过程。作为传统的知识传授者的教师角色会发生如下变化:

(1)教师由传授者向促进者转变;

(2)教师由独白者向对话倾听者转变;

(3)教师由权威者向合作者转变;

(4)教师由控制者向提供者转变;

(5)教师由单纯实践者向实践反思者转变。

2. 教育活动过程的组织和指导

1)教育活动组织与指导注意事项:

(1)活动导入要注意趣味性、新颖性,引导幼儿的兴趣,集中幼儿的精力,便于组织活动。

(2)各环节衔接、过渡自然,减少不必要的等待时间,提高活动效率。

(3)注意引导幼儿形成良好的学习习惯,建立良好的学习常规,减少不必要的整顿秩序、维持纪律的时间。

活动过程要注意师幼互动,提问富有启发性,充分调动幼儿学习的积极性,采用生动、形象的方式方法,多让幼儿感知、体验、表征和创造。活动结束要注意教学活动延伸的开展,既对上一个教学活动的巩固、留有余味,又要对下一个活动起承上启下的作用。

> **案例**
>
> #### 小班健康活动"会说话的身体"的导入环节
>
> 教师组织幼儿听音乐玩游戏,引导幼儿认识身体的主要部位。
>
> 幼儿随歌曲《碰一碰》的音乐玩游戏,结束后先引导幼儿说一说与同伴碰了身体的哪些部位,然后请幼儿根据教师的指令再次游戏,重点引导幼儿相互碰一碰头、手、腿、脚等部位;引导幼儿随健身操音乐随意做摇头、点头、摆手、屈膝、踢腿、蹦跳等动作,让身体各部位充分动起来。
>
> **小结:**头、手、腿、脚是我们身体的重要组成部位,多让它们动起来,身体才会变得更灵活。

2)科学合理安排教学活动的组织形式与方法:

(1)要注意综合性、趣味性,寓教育于活动、游戏之中。

(2)因时、因地、因内容和儿童的学习特点,灵活运用集体、小组、个别等活动形式。

(3)运用好教师直接指导和非直接指导的方法,保证幼儿有充足的时间自主地进行活动。

案例

小班健康活动"我感冒了"

1.设置情境——看布娃娃表演,引发兴趣,导入活动。

出示布娃娃,以布娃娃口吻与幼儿打招呼、为幼儿唱歌,唱歌过程中布娃娃不停打喷嚏、擦鼻涕、咳嗽,最后无法演唱,让其躺在旁边的小床上休息。

2.组织讨论,了解感冒的原因及症状。

问题一:布娃娃怎么了? 为什么会感冒?

小结:穿衣服少了、蹬被子了、被患感冒的人传染了等容易引起感冒。

问题二:你得过感冒吗? 感冒了有哪些不舒服的感觉?

小结:得了感冒会很难受,鼻子不通气、流鼻涕、嗓子痛、头痛、咳嗽、打喷嚏、有时候会发热,所以当身体不舒服的时候一定要及时告诉大人。

3.通过情境表演让幼儿了解得了感冒该怎么办。

请幼儿结合生病时父母照顾自己的生活经验,模仿照顾布娃娃,会用教师提供的教具给娃娃喂水、吃药、在额头上敷凉毛巾。

小结:得了感冒要多喝水,按时吃治疗感冒的药,注意多休息;如果发热还要吃退热药,或用湿毛巾降温,严重时要赶紧上医院接受治疗。

3.科学合理安排活动环境和活动材料

活动环境的创设要充分考虑教育性、参与性、适宜性、安全性。

(1)环境创设和材料收集的过程也是儿童学习的过程,教师和家长不要包办代替,应让幼儿主动参与,一起设计、布置和收集,作为教学活动的前身活动。例如大班健康活动"健康日",身体健康是幼儿教育的首要任务。该活动通过引导幼儿了解与健康有关的节日,使幼儿认识到身体器官的重要性,在有创意的宣传活动中,引发幼儿责任感,从而树立身体保护意识。活动前幼儿收集和健康日有关的资料(图片、照片、宣传册等),和教师一同将所收集的爱牙日、爱眼日、爱耳日的资料布置成展板。

(2)活动过程中运用的材料,根据适宜性延伸到活动区角,便于幼儿与环境和材料的互动。例如小班健康活动"和蔬菜宝宝交朋友"活动后,教师可在科学发展区提供几种常见蔬菜(如芹菜、油菜、大头菜等)的图片供幼儿认知。在美工区自制胡萝卜、青椒、藕、土豆等蔬菜小印章,供幼儿自由拓印。角色区创设小小菜市场,引导幼儿挎着小菜篮选择自己喜欢和认识的蔬菜购买,进一步培养对蔬菜的兴趣。

4.教师的指导要有针对性和灵活性

教学活动的组织与实施过程是教师创造性开展工作的过程。教师既要以活动方案为蓝图,又要根据幼儿的实际表现和活动状态做临时调整或生成新的内容。

思考与练习

1.选择一次婴儿健康教育活动,试分析其教育目标的确定、教育内容的选择是否恰当。

2.见习一次幼儿健康教育活动,试分析其教育目标的确定、教育内容的选择是否恰当。

3.在幼儿园选择大、中、小班各一个班,为每个班各确定一个健康教育活动的目标,选择教育内容,并说明理由。

第三章　学前儿童身体保健教育

本章重点

◇ 学前儿童身体保健教育的内容。
◇ 学前儿童身体保健教育的组织形式。
◇ 学前儿童身体保健教育应该注意的问题。
◇ 学前儿童易患身体疾病的表现及预防。

《纲要》明确指出:"幼儿园必须把保护幼儿的生命和促进幼儿的健康放在工作的首位。"幼儿园进行身体保健教育活动,就是为了更好地保护幼儿的生命和健康,使幼儿能主动关注自己的健康,保护自己的生命,珍爱自己的生命。

身体健康是幼儿身心全面和谐发展的基础,直接影响着幼儿智力品质、道德品质及其心理素质和能力的发展。幼儿身体保健教育是以保护和促进幼儿身体的正常生长发育、增进健康、培养幼儿初步的健康意识和自我保健能力为目的的所有的教育活动。

第一节　学前儿童身体保健教育的内容

一、0—3岁婴幼儿身体保健教育的内容

(一) 良好的生活卫生习惯

(1) 睡眠习惯:懂得上床后要闭眼安静入睡,醒来情绪好。

(2) 个人卫生习惯:懂得要每天洗脸、洗脚、饭前便后及进食前要洗手;懂得手脏了要及时洗干净;能配合成人洗头、洗澡;不吃脏东西。

(3) 生活自理能力:初步懂得自己能做的事自己做,能自己试着学习脱、穿简单的衣服,如自己脱袜子、解扣子、脱裤子;主动配合穿衣、脱鞋;每天脱下的衣服、鞋子、裤子、袜子要放在固定的地方;学习使用勺子;自己主动试着吃饭;在成人的帮助下能耐心、细致地收拾自己的玩具,初步懂得东西用后要放还原处;懂得大小便前告诉成人,能初步料理小便。

(二) 认识自己的身体

能用手指出嘴巴、鼻子、耳朵、眼睛等;能初步认识自己的身体。

(三) 疾病的防治意识

懂得打针、吃药虽然痛苦,但能防病、治病;生病时愿意接受医生的治疗,听从家长的嘱咐,按时打针吃药。

(四) 饮食与营养

喜欢吃各类食物,不挑食,不偏食。少吃零食,不暴饮暴食,细嚼慢咽,不吃汤泡饭。

（五）安全自护

（1）懂得危险的东西如保温瓶、剪刀、尖锐的东西等不能乱动。

（2）懂得药品不能乱吃。

（3）懂得不跟陌生人走，不吃陌生人的东西，不拿陌生人的玩具。

（4）初步懂得身体不舒服时要主动告诉成人。

二、0—3岁婴幼儿身体保健教育的方法

（1）生活行为练习：应在日常生活中渗透，在生活中随机进行，巩固正确行为，反复练习。

（2）榜样示范法：成人的自身榜样作用对这个年龄的孩子非常重要。

（3）游戏法：根据孩子的生理和心理特点，以游戏的方法训练为最佳。

三、3—6岁幼儿身体保健教育的内容

《纲要》明确指出，要培养幼儿良好的饮食、睡眠、盥洗、排泄等生活习惯和生活自理能力。教育幼儿爱清洁、讲卫生，注意保持个人和生活场所的整洁和卫生。密切结合幼儿的生活进行安全、营养和保健教育，提高幼儿的自我保护意识和能力。3—6岁幼儿身体正处在迅速发育的时期，对各种营养素的需要相对比成人多；身体各器官机能较差，对外界环境适应能力弱，很容易感染疾病；生活经验较少，基本的生存能力正处在发展中，生活自理能力较差，缺乏必要的身体保健及安全自护知识，因此，结合《纲要》精神，幼儿身体保健教育就是要使幼儿掌握身体保健的初步知识，培养良好的个人生活习惯，掌握必要的安全自护知识。

（一）良好的生活卫生习惯

幼儿身心发展迅速，性格可塑性大，是形成各种良好行为习惯的关键期，而良好的生活卫生习惯是幼儿身体健康的前提和保证。教师要有意识地以适当的方式帮助幼儿形成良好的生活卫生习惯，逐步形成自觉遵守科学而有规律的生活秩序的意识，从小形成科学的健康观念，使其终身受益。

（1）睡眠习惯。能够按时睡眠，准时愉快起床，独立安静入睡，睡姿合理正确，即双腿弯曲，向右侧卧睡。

（2）个人卫生习惯。每天洗脸、洗脚、清洗外阴（女孩）；每天早晚刷牙；进食后漱口；饭前便后洗手；手脏了及时洗干净；经常洗澡、洗头；保持服装整洁；保持环境整洁；不乱扔东西，不乱涂乱画。

（3）正确的坐姿、站姿、行走姿势和跳跃姿势。

脊背挺直，收腹挺胸，头颈端正，目视前方，手臂自然摆放在身体前方或两侧，不含胸，不塌腰。

① 正确的坐姿：不跷二郎腿、不抖动腿和身体。

② 正确的站姿：身体不斜靠墙或家具，两腿略分开呈小八字，身体直立，站得稳稳的。

③ 正确的行走姿势：不晃动身体，不东张西望，脚尖向前，步伐频率略小，速度略快而均匀。

④ 正确的跳跃姿势：两脚稍稍分开，呈半蹲状，小屁股微翘，攥紧小拳头，然后开始起跳。

注意：幼儿的小脚一定要分开，并且要半蹲，小屁股一定要做到标准，如果以上这些部位做不到位，孩子跳跃时就容易扭伤腿。

（4）正确的阅读、画画、写字姿势。

阅读时坐姿端正，在光线明亮的地方看书，眼睛与书的距离保持在一尺以上，看书时间不能太长，知道眼睛累了需要闭眼休息一会、做眼保健操或到户外活动。不在走路、开动的车里或躺着

看书。

画画、写字时坐姿端正,身体和桌子应有一拳的距离,头保持正直。教给孩子握笔的姿势,即将笔执于右手大拇指和中指之间,用食指从上方轻轻按住。

(5)看电视和使用电脑的卫生:时间不宜太长,不超过 1 小时;距离不能太近,应与电视机保持1.5米距离;坐姿端正。

(6)生活自理能力:使幼儿懂得自己能做的事自己做,学会脱、穿衣服,整理衣服、叠被子;学会自己吃饭,饭后擦嘴;学会自己料理大小便;会收拾玩具,东西用后放还原处;学会自己整理学习用具,抽屉内的物品摆放整齐;做一些力所能及的家务活;逐渐培养幼儿的自立精神和生活自理能力。

(二) 认识自己的身体

认识自己身体的主要器官,知道其名称、主要功能及初步的保护方法,促使幼儿逐步形成关注健康的意识和习惯,为保证幼儿生理的健康发展打下良好的基础。

1. 眼睛

眼睛能认识人和物,能看书看电视,能维持身体平衡,能表达感情,并能使我们避开许多伤害。

培养幼儿不用手揉眼睛,手绢、毛巾等要专用,手绢要常洗,保持清洁,以防眼病;教育幼儿不玩有可能伤害眼睛的物品,如小刀、剪子、竹签、弹弓、仿真手枪等锐器;户外活动玩沙时不撒沙子,不放鞭炮;不要围观电焊,以免发生电光性眼炎;教育幼儿有异物如沙子、小飞虫等入眼睛或眼睛发痒时不要揉眼睛,应该轻轻闭着眼,等大人来处理;看电视时电视机旁开一盏小灯,眼睛应平视或略高于电视画面;建议幼儿尽量不接触电子屏幕,幼儿的视网膜要到 12 岁才能发育完善,在此之前都应该尽量少接触手机等电子产品。使幼儿明白定期检查视力的意义和方法,并能配合检查。

2. 耳

耳是听觉和位觉(平衡觉)的感受器官,耳朵可以听声音。幼儿外耳道壁尚未完全骨化,咽鼓较成人短,易感染。

教育幼儿用自然的声音唱歌、小声地说话,不要大声喊叫着唱歌或说话;教育幼儿听到较大的声音应捂住耳朵或张大口;不要捡拾小物件放入耳中;不挖耳;学会正确的擤鼻涕的方法(一个鼻孔一个鼻孔轻轻地擤),以免引起中耳炎;不洁的水进入外耳道要及时清洁干净,以免引起外耳道炎;要主动避开噪声,不制造噪声。

3. 牙齿

牙齿是消化的第一关口,对人体消化食物吸收营养有着极为重要的作用,乳牙不仅是咀嚼的工具,而且可以促进颌骨的发育和诱导恒牙的萌出,有助于面容和谐、自然和发音正常。

乳牙牙釉质较薄,牙本质较软脆,牙髓腔较大,在产酸的细菌作用下,比成人更容易患龋齿;幼儿期正处在恒牙乳牙交换的时期,乳牙的好坏直接影响着恒牙的健康,因此,引导幼儿掌握保护牙齿、预防龋齿的方法,帮助幼儿初步形成关注牙齿健康的意识和保护牙齿的好习惯。

(1)清洁口腔。培养幼儿进食后漱口的好习惯,午餐后也应让幼儿漱口,漱口时要求幼儿含漱时间长一些,要用力鼓腮,用水把粘在牙齿表面和间隙的食物残渣冲洗掉,然后吐出漱口水;教幼儿正确的刷牙的方法,即顺着牙缝竖刷,刷上牙时从上往下刷,刷下牙时从下往上刷,里外都要刷,每天早晚各一次,晚上尤为重要。

(2)使幼儿懂得定期检查牙齿的重要性,发现龋齿及时处理。

(3)使幼儿了解甜食类食物残渣容易在口腔中产生酸,腐蚀牙齿,应该少吃,尤其不在睡前吃,吃过甜食后及时漱口。

(4)使幼儿初步了解钙、磷、维生素 D 等有助于牙齿的发育,能主动摄入各种食物。

(5)预防牙列不齐。牙列不齐会使牙齿缝里残留更多的食物,更容易患龋齿。教育幼儿不吸吮手指,不托腮,不咬下嘴唇和手指甲;不咬其他硬物,如瓶盖、铅笔头、尺子、核桃等。

4.皮肤

皮肤能保护我们的身体,能感觉冷、热、触、痛、压、痒、软硬、光滑、粗糙等,还能抑制和杀死细菌,能排除体内的废物。

培养幼儿保持皮肤清洁卫生的好习惯,使幼儿养成脏了就洗的好习惯;勤剪指甲,手指甲每周剪一次,脚趾甲两周剪一次;教育幼儿不化妆,不烫头发,不涂口红;勤换内衣;每天用肥皂清洗身体裸露部分如手、脸、颈、耳等;掌握正确的洗手洗脸的方法;勤洗澡、洗头。

5.鼻

鼻子是呼吸的重要器官,能温暖湿润和清洁空气;幼儿鼻和鼻腔相对短小、狭窄,黏膜柔嫩,血管丰富,小儿没长鼻毛,故易受到感染。

教育幼儿用鼻呼吸;不蒙头睡觉;咳嗽、打喷嚏时用手帕捂住口鼻;不将小物件塞入鼻孔;不用手挖鼻孔;不随地吐痰。

(三)疾病防治意识

(1)懂得要预防疾病,生病时要治疗。

(2)懂得打针、吃药虽然痛苦,但能防病、治病,能避免疾病带来的不适和痛苦。

(3)引导幼儿了解预防接种的初步知识,知道预防接种的目的是预防几种对身体健康影响很大的传染病,打预防针应主动,不怕痛;并能听从医生的指导,注意预防接种后的饮食和活动。

(4)生病时愿意接受医生的治疗,听从家长的嘱咐,按时打针吃药。

(四)饮食与营养

(1)懂得饮食与营养能影响身体健康,知道人体需要各种各样的营养和食物,初步了解蛋类、豆类、蔬菜、水果、肉类的主要营养成分。明白日常的饮食是为了获取营养,形成关注营养、关注健康的意识。

(2)喜欢吃各类食物,不挑食,不偏食。

(3)有良好的饮食习惯,定时定量,不暴饮暴食,细嚼慢咽,不吃汤泡饭,少吃零食和辛辣食品。

(4)注意饮食卫生和进餐礼貌,如进食前洗手,进食后漱口,不喝生水,不捡掉在桌上或地下的东西吃,使用自己的水杯、餐具等;咀嚼、喝汤时尽可能不发出声音;夹菜不可东挑西拣,不糟蹋饭菜;要懂得谦让,不应把好吃的独占。

(5)能正确使用筷子或小勺,能饭菜搭配着一起吃。

(6)能主动喝水。引导幼儿白天多喝白开水,少喝含糖饮料,渴了能主动喝水,喝水前知道先尝尝水的冷热和味道。

(五)安全自护

好奇是儿童的天性,好动是儿童的本能,好奇激发幼儿探索的欲望,幼儿通过不断地探索和尝试来认识周围的事物。

但是,幼儿缺乏生活经验,对什么是危险认识不足,面临危险后又不知所措,缺乏自我保护的意识和能力,容易因意外事故而影响健康甚至失去生命。教师要根据幼儿的生活实际,采取灵活多样的方式,逐步培养幼儿的自我保护能力。

(1)认识常见的交通和安全标志,如人行通道标志、红绿灯、禁止通行标志、危险标志等。

(2)了解生活和活动中的不安全因素。

① 懂得用电、用火、燃放爆竹以及天然气、水的危险。教育幼儿不独自在距水边近的地方玩耍;不玩电源插座、电线和开关,不摆弄通电的电器;不玩火;不接触天然气,不摆弄天然气灶开关;不燃放爆竹。

② 遵守交通规则。过马路时要走人行横道线、不在马路上玩耍、停留和踢球,不在交通繁忙的路

段骑小自行车;行路时要注意力集中、不东张西望;能避开过往车辆和路面障碍物等危险因素。

③ 遵守幼儿园的安全制度。上下楼梯时靠右走,不要拥挤;玩大型运动器械能主动遵守秩序和游戏规则,不拥挤,学会排队等候;发现玩具有损坏及时报告老师,不再继续玩耍;乘坐电梯时要按次序进出,先出后进,不拥挤;教育幼儿不得随便离开自己的班,有事必须得到老师的允许后才能离开。

④ 进食时注意食物、饮料的冷热,以免烫伤;生吃瓜果时一定要先看看或问问是否洗干净。引导幼儿从颜色、气味、外形上辨别食物的好坏,拒绝吃腐烂变质、含色素多的食品。

⑤ 知道平时要系好衣服、鞋子的扣子、带子或拉好拉链,不玩衣服上的装饰物如珠子、扣子、带子等,小心使用拉链,避免被拉链夹伤。

(3) 懂得在遇到危险时应不慌张,想办法排除危险或寻求帮助,知道拨打 110、120、119 等电话及其用途。

(4) 懂得危险的东西不能乱动,药品不能乱吃。

(5) 培养幼儿在各种灾害中自我保护的方法。

① 遇到同伴落水时要马上大声呼救,不能自己去拉同伴或尝试跳下水去。

② 迷路时,要尽可能留下让人寻找的线索,如玩具、帽子等。

③ 和家人走失时,知道在原地等待,或找警察帮助,能正确说出父母姓名、电话号码或家庭住址。

④ 遇到突如其来的灾害时,如火灾、冰雹、地震、海啸、车祸等时,能不慌张、哭叫、乱跑,知道自救的方法。如火灾发生时,知道蹲下身子,用水打湿衣物捂住口鼻,尽可能留在厕所等潮湿的地方。

(6) 懂得不跟陌生人走,不吃陌生人的东西,不拿陌生人的玩具;独自在家,如有陌生人敲门,应有礼貌地拒绝;外出要跟家人打招呼,随时报告自己的行踪,不告诉陌生人自己家里的电话号码;拒绝陌生人触摸自己的身体;被陌生人强行抱走或拉走时,要大声呼救。

(7) 懂得身体不舒服时要主动告诉家长。

第二节 学前儿童身体保健教育的组织形式

一、学前儿童身体保健教育的组织形式

(一)教育活动

幼儿园教育活动的课程模式多种多样,具有代表性的主要有学科课程、主题教育活动(或单元主题教育活动、系列主题教育活动)、活动课程(或以幼儿为中心的核心课程如游戏、活动区活动)等。幼儿身体保健教育的组织形式要根据本领域的发展目标、不同的教育内容、本园的实际情况和本班幼儿的发展水平,选择相应的课程模式。这里我们重点分析主题教育活动。

幼儿园主题教育活动,是指教师根据教育目标和幼儿认识发展的需要,在一定阶段围绕一个教育中心课题,综合选用多种教育形式,组织一系列活动,发挥各种教育手段的交互作用,各领域相互融合,促进幼儿认知、情感、个性等各方面全面协调地发展。

主题教育活动,一般包括半日主题教育活动和系列主题教育活动。

半日主题教育活动的各项内容都与主题有密切关系,并有机结合。例如,半日主题教育活动"神奇的鞋"中,由"漂亮的鞋"(通过认识各种鞋,了解不同种类的鞋)、"神奇的鞋"(知道鞋的功能,大人的鞋和小朋友的鞋不同,要穿适合自己的鞋才舒服、健康,鞋不合适时要告诉家长)、"好玩的鞋"(乐于参

加活动,在户外活动中玩踩脚印、跳脚印的游戏)、"好看的鞋"(通过画鞋,相互欣赏作品,分享活动经验)四个内容组成,在晨间活动、学习活动、游戏活动、户外活动中,通过集体活动、小组活动、自选活动等各种方式,使幼儿在做做玩玩中认识鞋的种类、功能、增进身体健康,促进大动作的发展,养成良好的着装穿鞋习惯,达到主题目标。

活动设计

小小营养师(大班)

活动目标

1. 了解食物营养和食物搭配的知识,清楚地表达自己的意见和理由。(重点)
2. 理解食物金字塔的含义,尝试根据食物金字塔设计食物的搭配方案。(难点)
3. 懂得营养搭配合理身体才会健康的道理。

活动准备

经验准备:向父母了解各种食物的营养。

物质准备:1. 多种食物照片、食物操作卡片、小盘子、黑板。
　　　　　2. "营养小博士"课件。

活动过程

一、幼儿交流了解到的信息,感知食物有丰富的营养

1. 提问:你都知道哪些食物有营养,有什么营养?
2. 出示各种食物的照片,请幼儿介绍食物的营养。

小结:每种食物都有不同的营养。

二、利用课件,理解食物金字塔的含义

1. 创设开办"营养餐厅"的情境,出示课件"营养小博士",初步了解食物的分类和营养。

提问:这是什么图形?分了几层?每一层都有什么?你还吃过哪些××?它有什么营养?对身体有什么好处?

小结:食物金字塔共分4层,分粮食类、蔬菜水果类、肉蛋鱼豆奶类和调味品类。每种食物都有不同的营养,馒头、米饭等粮食可以让我们有力气;蔬菜水果能促进消化,让我们少生病;鱼、肉、蛋、豆、奶等能让我们的身体更强壮,变得更结实;有了调味品,才让人觉得饭菜有不同的口味,很好吃。不同食物能提供不同的能量,只有营养全面我们的身体才能更健康。

2. 观察食物金字塔的造型,了解食物搭配的基本结构。

引导幼儿讨论:为什么食物金字塔自下而上越来越小?哪些食物应该多吃?哪些食物应该吃得少一点?吃得最少的应该是什么?

3. 再次出示课件"营养小博士",让幼儿了解金字塔最底层的食物要吃得最多,越往上一层,吃的量要减少一点,最上面的一层要吃得最少。

4. 贴图游戏,巩固对食物金字塔(图3-1)的认识。

请幼儿交流并重新组合黑板上的食物图片,教师按照幼儿的提示重新粘贴使之按金字塔状排列。

三、组织"小小营养师"游戏,尝试根据食物金字塔设计食物的搭配方案

1. 利用课件介绍科学配餐的知识,请幼儿自主设计配置营养套餐。

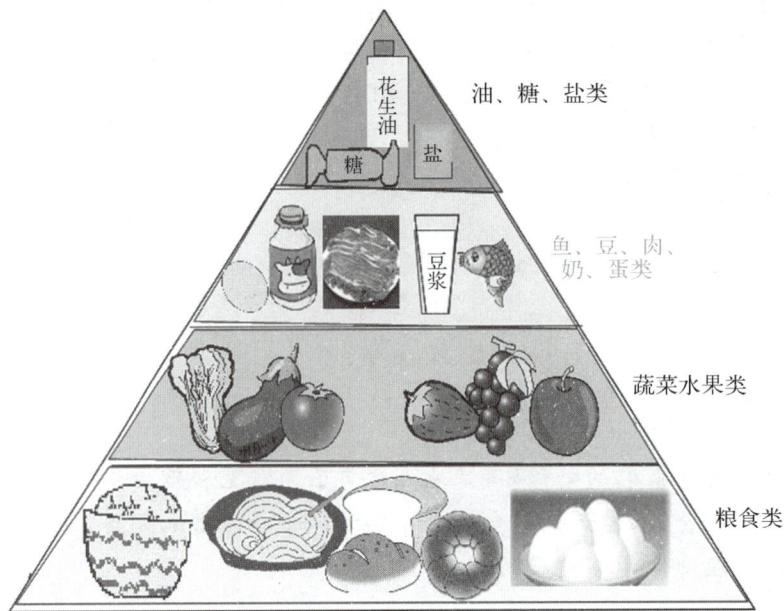

图 3-1　食物金字塔

设计配餐要求：套餐要注意干湿、荤素搭配;选择 5—6 种食物;2 分钟内完成。

2.引导幼儿交流、展示自己设计的营养套餐。

小结：食物搭配很有学问,只有营养搭配合理,我们吃了身体才会更健康。

活动延伸

1.幼儿进一步调整食谱,并将自己设计的营养套餐带回家,与爸爸妈妈一起准备并参与制作,观察家人是否喜欢吃,了解用餐后的感受。

2.活动区投放空白"食物金字塔"、各种食物图片若干,复习巩固"食物金字塔",并探索多种配餐方法。

活动评析

在整个活动的设计组织过程中,教师力求营造情境化的教学氛围,让幼儿在交流、讨论、操作的过程中积极参与活动,主动获得经验。一是营养调查,引导幼儿进行经验交流和提升。活动前,引导幼儿进行食物营养的小调查,初步了解常见食物的营养成分和对身体生长的好处。活动中,通过幼儿已知经验的交流和教师的小结,帮助幼儿初步建立"食物都是有营养的"概念,易于幼儿进一步感知食物搭配要营养均衡的道理。二是视听结合,利于幼儿新经验的获得。活动中,教师利用"营养小博士"的课件,将食物金字塔的构成直接呈现在孩子面前,并通过"小博士的话",提示幼儿要做到干湿、荤素搭配,才能合理营养,达到身体健康。这种视听结合、讲练结合的方式利于幼儿直观、积极地学习新经验。三是实践操作,练习巩固新经验。合理搭配、营养进食的新经验的获得不能仅仅停留在认知的层面,通过操作能进一步巩固和拓展幼儿的健康饮食理念。教师运用"小营养师配置营养套餐"的情境,让幼儿在选择、讨论、调整、再选择的过程中练习、巩固和拓展健康饮食的知识和经验。

系列主题教育活动是教师在一段时间里,组织幼儿开展一系列相互联系的多个活动,采用多种形式、多种手段来完成对一个较大主题的认识过程。时间长短根据主题内容而定,可以是三四天,也可以是一周或几周。

例如,教师要培养中班幼儿初步的生活自理能力,引导幼儿学习自己的事情自己做,可开展"我会穿衣服""我会整理书包""我是小小值日生""天气冷了怎么办"等系列活动。培养幼儿不仅会穿脱衣服、系鞋带、整理自己的物品,还会做一些力所能及的为他人服务的劳动。

又如,"保护牙齿"系列主题活动,可以开展"牙齿切碎机"(认识牙齿,了解牙齿的名称和部位)、"龋齿的形成"(知道保护牙齿的重要性)、"如何漱口""怎样刷牙""牙齿加油站"(了解牙齿健康生长所需的营养)、"如何预防牙列不齐"(良好的用牙习惯)、"我的牙掉了"(大班幼儿了解和正确对待换牙现象)等系列活动。通过系列活动的开展,帮助幼儿坚持每天用正确的方法刷牙,掌握保护牙齿、预防龋齿的方法,引导幼儿初步形成关注牙齿健康的意识和保护牙齿的好习惯,为其一生能拥有一副健康整洁的牙齿打下基础。

再如,"爱护我自己"系列主题活动,可以由"求救电话""独自在家的时候""哪些东西不能碰""认识标志(如小心触电、禁止烟火、绿色食品、施工、高压线、加油站)"等系列活动组成,通过游戏活动、集体活动、社区共育、家园合作等多种形式、多种手段来完成对这一较大主题"爱护我自己"的认识过程。

(二)家园合作

学前儿童健康教育内容与家庭生活内容密切相关,在幼儿园有个人与公共卫生问题、饮食习惯问题、安全问题,在家庭中也同样存在。如果仅靠幼儿园的集体教育而没有家庭教育的积极配合,学前儿童健康教育的效果将事倍功半;反之,如果幼儿园的集体教育与家庭教育协调一致,学前儿童健康教育便起到事半功倍的作用。所以,学前儿童健康教育必须得到家庭的积极配合,家长理应成为学前儿童健康教育的指导者。

家园合作的途径是多种多样的。如要求家长主动配合幼儿园的教育(比如带幼儿过马路时主动遵守交通规则、尽量不接触手机游戏或严格控制游戏时间等),在家庭中帮助孩子理解巩固在幼儿园所学的健康知识和技能,巩固好的生活习惯;让家长参与设计教育方案,一起参加教研活动(比如,一起研究如何教育孩子不轻信陌生人);将幼儿园的教育要求(如不偏食、不挑食)延伸到家庭,将幼儿在家中的情况及时反馈到幼儿园(调查幼儿在家是否不挑食);还可以是家长作为教育的一方,直接参与到活动中来(如幼儿生活自理能力的训练,穿衣、扣扣子、刷牙、漱口、整理自己的物品等)。

家园合作就是老师、家长对幼儿生活习惯、生活自理能力等各方面的要求保持一贯性和连续性,使幼儿的大脑皮层能形成固定的条件反射,建立起良好的动力定型,以取得更好的教育效果。

组织小班幼儿学习吃饭,教师可以在每次进餐时提醒并指导幼儿用右手拿勺,左手扶碗,学习一口饭、一口菜,细细嚼、慢慢咽,学习正确进餐,学习正确使用餐具。在小班还需要多在生活中观察幼儿洗手、如厕情况,引导幼儿学会拧水龙头、擦肥皂、手心手背都要洗、甩甩手、擦干净、拧紧水龙头。

(三)生活活动

身体保健教育是对幼儿健康意识和良好生活习惯的养成教育,这些内容本身的特点决定了必须是生活教育,仅靠专门的集体教育活动是不够的,需要在日常生活中长期渗透进行,在生活活动中加强行为练习。日常生活中的每个环节几乎均可用来对幼儿进行健康教育。其作用主要表现在两个方面。其一,日常生活中的健康教育常常比传统意义上的"上课"来得及时。比如:幼儿一入园,第一件事情或许就是"怎样在幼儿园上厕所",教师就可以在幼儿参观熟悉新环境时适时地进行这方面的行为指导,而不必等到幼儿正儿八经地坐下来时才进行。其二,日常生活中的健康教育使健康教育活动得以延伸,有利于巩固幼儿的健康行为。比如,虽然教师已经专门组织过了"不偏食""不挑食"的教育活动,但幼儿只是认识上有了提高,至于态度的转变和行为的确立还有待于就餐时的检验,教师正好结合每日的"一餐一点"(或"三餐两点")进行继续教育。再如:空气浴锻炼可以通过早操、户外活动实现,冷水浴可以通过冷水洗手、洗脸进行。幼儿良好的行为习惯必须通过日常生活得到巩固。

二、学前儿童身体保健教育应注意的问题

1. 增强综合教育意识,注意各领域的融合

在幼儿身体保健教育中要与艺术、语言、社会、科学等领域的教育活动有机地配合;把身体保健教育渗入幼儿园保育和教育的各个环节中,发挥幼儿园各项活动的整体教育功能。《指南》中要求:关注幼儿学习与发展的整体性。儿童的发展是一个整体,要注重领域之间、目标之间的相互渗透和整合,促进幼儿身心全面协调发展,而不应片面追求某一方面或几方面的发展。如对幼儿进行"爱护环境,保持生活环境的整洁"主题教育活动,用自编儿歌引导幼儿懂得保持生活环境的整洁的重要性(语言领域,发展幼儿语言;社会领域,培养幼儿的环保意识和关注全球环保的国际观),带领幼儿参观社区,观察被污染的环境及为什么动物花草会死亡(科学领域),最后可以请小朋友动手画画心目中的美丽家园(艺术领域)。

增强综合教育意识,注意融合的同时,切忌把教育内容大拼盘、大杂烩,没有核心,不分主次。

2. 教师要积累扎实的幼儿卫生科学知识,这是进行学前儿童健康教育的前提

学前儿童健康教育有自身的知识背景,实施过程中十分强调信息传播的科学性及准确性,比如要使幼儿增加对人体的认识,教师必须掌握相应的知识,充分了解人体各器官、各部分的名称、构造、功能及其保护,并且能够深入浅出地表达;教师还必须能够及时地纠正幼儿错误的、不准确的、模棱两可的回答,对此教师常常感到困难。

3. 发挥教师的主导作用

教师要深入调查本班幼儿生活习惯、卫生习惯和生活自理能力等发展水平,合理制定幼儿身体保健教育的目标和选择活动内容;要在活动中发现问题并提出发展性课题,引导儿童主动去探索、解决,改进指导方法,提高指导艺术,提高幼儿自我发展能力和活动能力。例如,教师通过调查本班幼儿自己穿脱衣服技能水平状况,制定活动目标,帮助幼儿逐步提高穿脱衣服的技能水平。在这个过程中,教师起着主导的作用,引导着幼儿不断提高生活技能。

4. 尊重幼儿,充分发挥幼儿的主体作用

《指南》中指出:尊重幼儿发展的个体差异。幼儿的发展是一个持续、渐进的过程,同时也表现出一定的阶段性特征。每个幼儿在沿着相似进程发展的过程中,各自的发展速度和到达某一水平的时间不完全相同。要充分理解和尊重幼儿发展进程中的个别差异,支持和引导他们从原有水平向更高水平发展,按照自身的速度和方式到达《指南》所呈现的发展"阶梯",切忌用一把"尺子"衡量所有幼儿。尊重幼儿人格,尊重幼儿的愿望,尊重幼儿在活动中的主体地位,充分发挥幼儿的主体作用;多用榜样、鼓励、表扬等方法,以发挥幼儿的主动性和积极性;要克服动辄训斥、随意处罚、挖苦讽刺幼儿的错误方法,坚决反对体罚和变相体罚。例如,当幼儿穿错了鞋、扣错了扣子,教师应该给幼儿正确的示范,当幼儿有进步的时候,及时给予鼓励,不要随意训斥幼儿。

5. 系统培养,持之以恒

幼儿的生活卫生习惯的培养,具有长期性、反复性的特点,因此,要根据幼儿身心发展的规律,进行系统培养,还必须持之以恒,以形成习惯。比如,新学年开始或长假后,教师应再次示范洗手方法,再次提要求,以巩固正确的洗手方法。

6. 集体健康行为指导与个别健康行为指导相结合

一般来说,学前儿童健康教育以集体健康行为指导为主,但是,由于幼儿常常存在着个人特殊的健康问题,若针对不同幼儿的个别问题逐一进行集体教育未免浪费时间,故必须在集体健康行为指导的同时对幼儿进行有的放矢的健康行为的个别指导。比如,对某个常常尿湿裤子的孩子多些关心和爱护,多提醒他(她)及时如厕;对喜欢用衣袖擦鼻涕的孩子强调要学用手帕;等等。

三、《指南》中提出的身体健康方面的教育建议

幼儿园教师对《指南》中提出的身体健康方面的教育建议理解和实施时,不要将前面所讲理论孤立和隔离,在组织具体的身体保健教育活动时,要结合前面讲过的应注意的问题,一并考虑。

(一)具有健康的体态的教育建议

(1)为幼儿提供营养丰富、健康的饮食。如:

➢ 参照《中国孕期、哺乳期妇女和0—6岁儿童膳食指南》,为幼儿提供谷物、蔬菜、水果、肉、奶、蛋、豆制品等多样化的食物,均衡搭配。

➢ 烹调方式要科学,尽量少煎炸、烧烤、腌制。

(2)保证幼儿每天睡11—12小时,其中午睡一般应达到2小时左右。午睡时间可根据幼儿的年龄、季节的变化和个体差异适当减少。

(3)注意幼儿的体态,帮助他们形成正确的姿势。如:

➢ 提醒幼儿保持正确的站、坐、走姿势;发现有八字脚、罗圈腿、驼背等骨骼发育异常的情况,应及时就医矫治。

➢ 桌、椅和床要合适。椅子的高度以幼儿写画时双脚能自然着地、大腿基本保持水平状为宜;桌子的高度以写画时身体能坐直,不驼背、不耸肩为宜;床不宜过软。

(4)每年为幼儿进行健康检查。

(二)具有良好的生活与卫生习惯的教育建议

(1)让幼儿保持有规律的生活,养成良好的作息习惯。如:早睡早起、每天午睡、按时进餐、吃好早餐等。

(2)帮助幼儿养成良好的饮食习惯。如:

➢ 合理安排餐点,帮助幼儿养成定点、定时、定量进餐的习惯。

➢ 帮助幼儿了解食物的营养价值,引导他们不偏食不挑食、少吃或不吃不利于健康的食品;多喝白开水,少喝饮料。

➢ 吃饭时不过分催促,提醒幼儿细嚼慢咽,不要边吃边玩。

(3)帮助幼儿养成良好的个人卫生习惯。如:

➢ 早晚刷牙、饭后漱口。

➢ 勤为幼儿洗澡、换衣服、剪指甲。

➢ 提醒幼儿保护五官,如不乱挖耳朵、鼻孔,看电视时保持3米左右的距离等。

(4)激发幼儿参加体育活动的兴趣,养成锻炼的习惯。如:

➢ 为幼儿准备多种体育活动材料,鼓励他选择自己喜欢的材料开展活动。

➢ 经常和幼儿一起在户外运动和游戏,鼓励幼儿和同伴一起开展体育活动。

➢ 和幼儿一起观看体育比赛或有关体育赛事的电视节目,培养他对体育活动的兴趣。

(三)具有基本的生活自理能力的教育建议

(1)鼓励幼儿做力所能及的事情,对幼儿的尝试与努力给予肯定,不因做不好或做得慢而包办代替。

(2)指导幼儿学习和掌握生活自理的基本方法,如穿脱衣服和鞋袜、洗手洗脸、擦鼻涕、擦屁股的正确方法。

(3)提供有利于幼儿生活自理的条件。如:

➢ 提供一些纸箱、盒子,供幼儿收拾和存放自己的玩具、图书或生活用品等。

➢ 幼儿的衣服、鞋子等要简单实用,便于自己穿脱。

活动设计

蔬菜宝宝我爱你(中班)①

活动目标

1. 了解几种常见蔬菜的营养价值。
2. 能根据颜色、种类等特征给蔬菜分类。
3. 喜欢并愿意主动吃多种蔬菜。

活动准备

1. 胡萝卜、芹菜、大蒜宝宝的手偶。
2. 洁净蔬菜一份。
3. 幼儿用书:《蔬菜宝宝我爱你》。

活动过程

一、猜谜语导入活动

师:像柿子,没有盖,又当水果又当菜。/头戴绿帽子,身穿紫袍子,小小芝麻子,装满一肚子。

二、幼儿讨论蔬菜的不同种类

师:请小朋友想一想,红色、绿色、紫色、黄色、白色的蔬菜各有哪些?

幼儿讨论,发言。

三、引导幼儿了解蔬菜的不同营养价值

师:你们喜欢吃哪些蔬菜?为什么?

幼儿自由表达自己的想法。

师:我们听听蔬菜宝宝是怎么说的。

四、引导幼儿欣赏手偶表演

胡萝卜宝宝:我长得红红的,身体里有丰富的维生素A,小朋友吃了我,眼睛更明亮。

大蒜宝宝:我的本领可真大,能帮小朋友杀灭细菌,保护小朋友身体健康。

芹菜宝宝:我长得绿绿的,身体里有各种维生素和膳食纤维,小朋友吃了,可以使大便通畅。

幼儿和蔬菜宝宝做朋友,说说悄悄话。

五、教师现场炒制一份蔬菜,请小朋友品尝

师:让我们品尝美味的蔬菜吧!

活动延伸

在日常生活中与家庭配合,教育幼儿多吃蔬菜。

活动评析

幼儿应做自己健康的主人,但只靠成人的说教,幼儿无论如何也成不了自己健康的主人,只有通过自己亲身的感知、体验、尝试,所得到的有关健康知识,才是幼儿最感兴趣、最愿意接受的。蔬菜是孩子经常要吃的食品,但常常有些孩子不爱吃,该活动能根据孩子的年龄特点,注意教学的趣味性,运用猜谜语的方法,用拟人化的口吻,让孩子饶有兴趣地了解各种蔬菜的营养和对身体的好处,引导孩子喜欢吃蔬菜;最后,通过品尝蔬菜,进一步激发孩子爱吃蔬菜的情感。

---

① 赵寄石,唐淑.幼儿园渗透式领域课程:健康　语言　社会(教师用书)[M].南京:南京师范大学出版社,2009.(部分修改)

脸上的朋友(小班)

活动目标

1. 知道五官的名称及位置,了解各器官的主要功能。
2. 了解爱护五官、保护五官的简单方法,养成良好的卫生习惯。
3. 积极愉快地参与认知活动,体验观察和操作带来的乐趣。

活动准备

1. 毛巾、沙锤、味觉瓶、铃铛、鹅卵石、砂纸等操作材料。
2. 图片4幅:嘴巴生疮;流鼻涕,流鼻血;眼睛看不清东西,戴上小眼镜;耳朵疼。
3. 自制课件"谁做得对":选择生活中关于保护五官正确做法和错误做法的照片、图片制作课件。

活动过程

一、组织幼儿玩"指五官"游戏,引导幼儿认识脸上的器官

1. 请幼儿相互观察并说出脸部器官的名称和数量。
2. 组织幼儿玩"指五官"游戏,巩固对眼、鼻、嘴位置的认知。

教师用儿歌小结:小小鼻子本领大,长在脸的最中央;鼻子上面是眼睛,眼珠乌黑闪闪亮;鼻子下面是嘴巴,笑一笑呀像月亮;耳朵耳朵最听话,长在我的头两旁。

二、通过体验游戏引导幼儿了解五官的作用

1. 游戏:筐里有什么?

教师准备操作筐,里面放置能用各种感官感受的物品,如毛巾、沙锤、铃铛、味觉瓶、鹅卵石、砂纸等,请幼儿自由摆弄。提问:筐里有什么? 你是怎么知道的?

2. 游戏:试一试让幼儿捂住眼睛走一走、捏住鼻子并闭紧嘴巴试一试,说说自己的感受,引导幼儿说出眼、鼻、嘴等器官的作用。

教师用儿歌小结:鼻子长在脸中央,呼吸闻味全靠它,它的本领可真大;鼻子上面是眼睛,眼睛好像照相机,什么都能看得清;鼻子下面是嘴巴,吃饭喝水要用它,还会唱歌和说话。

三、请幼儿照镜子观察自己的面部,说说五官的特征及保护方法

1. 请幼儿边照镜子边说说自己的眼睛、嘴巴、鼻子长什么样,眼、鼻、口哪一部分长得最可爱。
2. 请幼儿观察图片,说出保护口、鼻、眼、耳的小妙招。依次出示4幅图片,幼儿观察画面内容提问:你发现它们(口、鼻、眼、耳)有什么变化? 你知道保护它们的办法吗? 引导幼儿说说避免这些"脸上的朋友"生病的办法。

小结:大家都有眼睛、鼻子、嘴巴,每个人的五官长得不完全一样,不管长什么样,它们都是你的宝贝,都有自己的可爱之处,好好爱护珍惜它们。

3. 观看课件"谁做得对",引导幼儿观察判断对错,进一步了解爱护五官的方法。

教师演示课件,请幼儿说说图中的小朋友在干什么? 谁做得对? 做得不对的小朋友应该怎么做?

活动评析

幼儿迷恋动画片、吃手、抠鼻子等不良习惯在小班阶段表现较突出,这与小班幼儿好奇、自我保护意识差有关系。本次活动从幼儿的生活经验入手,通过游戏、儿歌等加深幼儿对五官的认识,引导幼儿在做做玩玩中体验、了解五官的作用,在观察图片、交流讨论中初步了解保护五官的简单方法,培养幼儿的良好生活、卫生习惯。

第三节　学前儿童易患身体疾病的表现及预防

本节内容可能和学前卫生学有部分重复,疾病的病因和预防可以回忆和自学,点到为止。重点放在如何组织预防疾病的健康教育活动。

一、佝偻病

1. 病因

(1) 紫外线照射不足。人体所需要的维生素 D 除了一小部分可自食物中摄取外,主要通过皮肤接受紫外线照射后产生。若缺乏户外活动,人体缺乏维生素 D,影响钙的吸收,可致佝偻病。

(2) 生长过快。早产儿、双胎儿出生后生长速度较快,对维生素 D 的需要量较多,易患佝偻病。

(3) 长期腹泻。长期腹泻会导致人体对钙、磷的吸收减少。

(4) 人工喂养。牛奶中钙、磷的比例不适当,人体吸收较差,人工喂养的乳儿易患佝偻病。

2. 症状

(1) 一般症状。多发生于佝偻病早期。表现为睡眠不安,夜间常惊醒哭闹;多汗,与气候冷暖关系不大。因头部多汗,头皮痒,患儿在枕头上蹭痒,导致枕部头发脱落,称为枕秃。

(2) 骨骼改变。佝偻病进一步发展就会在骨骼上出现改变,具体表现为:

➢ 方颅——颅骨呈方形,显得头大脸小。

➢ 前囟晚闭——1 岁半尚未愈合。

➢ 串珠肋——肋骨上距胸骨几厘米处,有钝圆形的隆起,前胸靠下的几根肋骨比较明显。隆起自上到下呈一串珠子,故称串珠肋。

➢ 鸡胸——胸骨向前突出,胸廓变窄。

➢ 下肢弯曲——小儿会站、会走以后,下肢出现弯曲,呈"O"形或"X"形,影响步态。

(3) 动作发育迟缓。

(4) 大脑皮层兴奋性降低,条件反射形成迟缓,语言发展较晚。

3. 预防

(1) 多在户外活动,接受阳光紫外线的照射。

(2) 提倡母乳喂养,及时添加辅食。母乳中钙、磷的比例适当,人体吸收好,是理想的钙的来源。及时添加蛋黄、肝泥、菜泥等辅食,从中获得一部分维生素 D。

(3) 北方因冬季寒冷漫长,小儿出生后两周可开始服鱼肝油。若用浓缩鱼肝油,每日 3—4 滴。2岁以后,生长速度减慢,又常在户外活动,就不必再服药了。

(4) 预防先天性佝偻病。胎儿出生前 3 个月,要从母亲体内摄取大量的钙,供骨骼钙化。若孕妇少见阳光,饮食中缺钙,胎儿出生后可患先天性佝偻病。因此,孕妇要常晒太阳,吃含钙丰富的食物。

二、肥胖病

肥胖病是指皮下脂肪积聚过多,体重超过同年龄正常儿童很多。一般认为,体重超过相应身高应有体重的 20％以上即为肥胖。

1.病因

(1)多食、少动。往往家长误认为孩子越胖越健康,使小儿养成过食的习惯,所摄入的热能长期超过消耗量,剩余的热能转化为脂肪积存体内。缺乏适量的活动也是肥胖病的原因之一,肥胖的小儿大都不喜欢运动,形成恶性循环,从而更加超重。因多食、少动所致的肥胖,称为单纯性肥胖。

(2)遗传因素。父母肥胖,子女易成肥胖体型。

(3)心理因素。受到精神创伤或心理异常的小儿可有异常食欲,导致肥胖病。

(4)内分泌疾病。因内分泌功能异常所致的肥胖,常伴有生殖器发育迟缓、体脂分布特殊等表现,可与单纯性肥胖鉴别。

2.症状

(1)食欲奇佳,食量超过一般小儿甚多,喜欢淀粉、油脂类食品。

(2)体格发育较正常小儿迅速,智力正常,性发育正常。

(3)体脂聚集以乳房、腹部、臀部、肩部尤为显著。

(4)易患扁平足。

3.预防

(1)饮食管理。不宜使体重骤然减轻。最初,只要求制止体重速增,以后可使体重逐渐下降,至仅超过高年龄正常体重的 10％左右时,即可不必严格限制食物,但仍需要控制食量。在饮食管理期间,仍需要照顾小儿的基本营养需要,蛋白质供应量不宜少于 1—2 克/公斤(体重)/日,维生素和无机盐的供应量应充分。设法满足小儿食欲,不致因饥饿而感到痛苦。可提供热能少的食物,如萝卜、芹菜等。

根据以上原则,食物应以蔬菜、水果、粮食为主,加适量的瘦肉、鱼、鸡蛋、豆类等。饮食管理须长期坚持才能获得满意的效果。

(2)增加运动量。提高小儿对运动的兴趣,使之成为习惯,坚持锻炼。应避免因剧烈运动致使食欲大增。逐渐增加每天的运动量,至每日 1 小时左右。

(3)因内分泌失调所致肥胖,可针对病因进行治疗。

(4)因心理异常、精神因素所致,应进行心理治疗。

三、近视

近视眼是由于眼对光的屈折力同眼轴长度不相适应造成的。

1.病因

近视主要原因是儿童不良的用眼习惯。

2.预防

(1)不在阳光直射或过暗处看书、画画。

(2)不躺着看书,以免眼睛与书的距离过近。

(3)不在走路、乘车时看书。因为身体活动时可导致眼与书的距离经常变化,极易造成视觉疲劳。

(4)集中用眼一段时间后,应望远或去户外活动,以消除眼疲劳。

(5) 看电视、上网应限制时间。每次,小班幼儿不超过半小时,中、大班幼儿不超过 1 小时。

四、弱视

弱视是指视力达不到正常水平,而又查不出可影响视力的明显的眼病,验光配镜也得不到矫正。它属于儿童视觉发育障碍性疾病。

1. 病因

(1) 斜视。斜视是指双眼向前平视时,两眼的黑眼珠位置不匀称,一只眼的黑眼珠在正中,另一只眼的黑眼珠向外、向内、向上、向下偏斜。斜视使幼儿产生复视(视物成双),这种视觉紊乱使人极不舒服。为排除这种紊乱,大脑就抑制来自偏斜眼的视觉冲动,日久,偏斜眼形成弱视。

(2) 屈光不正或屈光参差,可致弱视。

(3) 形觉剥夺。婴幼儿时期,由于种种原因不适当遮盖过某只眼睛,该眼因缺少光刺激,致使视觉发育停顿,形成弱视。

2. 弱视的危害

患弱视的幼儿,因不能建立完善的双眼单视功能,难以形成立体视觉。缺乏立体视觉则不能很好分辨物体的远近、深浅等,难以完成精细的技巧,对生活、学习和将来的工作都将产生不良的影响。

治疗弱视的最佳年龄阶段为学龄前期。随着年龄的增长,治愈的可能性逐渐减少。因此,早发现、早治疗是使患儿恢复正常视觉的关键。

3. 早发现弱视

(1) 幼儿入园后,至少每年普查一次视力,视力不正常者应去医院进一步检查原因。

(2) 若发现幼儿经常用歪头偏脸的姿势视物,或有斜视,应及早去医院检查诊治。

五、龋齿

1. 病因

残留在牙齿上的食物,在口腔内细菌的作用下产生酸,酸把牙齿腐蚀成了龋洞。钙化不良、排列不齐的牙齿,易患龋齿。

2. 症状

(1) 乳牙的牙釉质、牙本质较薄,龋洞易达到牙本质深层,遇冷、热、酸、甜等刺激,则有酸痛不适感。

(2) 龋洞深入牙髓,可致牙髓炎,脓液积聚在髓腔内,压迫神经末梢,可引起剧烈牙痛。

3. 预防

(1) 注意口腔卫生。3 岁以前,饭后漱口,及时清除食物残渣。3 岁以后,可学习刷牙,早晚各一次。晚上临睡前不要再吃东西。宜选用幼儿保健牙刷,这种牙刷的刷头小、刷毛较柔软,适合幼儿使用。采用顺着牙缝直刷的方法,刷上颌牙从牙龈处往下刷,刷下颌牙从牙龈处往上刷,可刷净牙缝里的食物残渣,且不损伤牙龈。

(2) 合理营养。多晒太阳,使牙釉质正常钙化,增强抗酸能力。

(3) 预防牙列排列不齐。用奶瓶喂奶,勿使瓶口压迫乳儿牙龈;不吸吮干橡皮奶头;纠正幼儿吸吮手指、咬铅笔等不良习惯,以避免影响颌骨的正常发育。若颌骨发育不正常,可致牙齿排列不齐。在换牙期间,若恒牙已经萌出,乳牙滞留,则形成"双排牙",应及时拔去滞留的乳牙,使恒牙的位置正常。

4. 治疗

乳牙患龋齿,进展较快,不仅影响咀嚼功能,还可影响恒牙的正常发育,应及早治疗。

六、蛔虫病

1. 病因

感染性蛔虫卵污染了食物、饮水、手,幼儿吸吮手指或食前不洗手,生吃未洗净的瓜果、蔬菜、喝生水,可将虫卵吞入。

2. 症状

(1) 蛔虫寄生于肠道,影响肠道功能,使消化和吸收发生障碍,尤其在营养差及感染重的幼儿,可引起营养不良。幼儿面黄肌瘦、贫血,生长发育迟缓。

(2) 因蛔虫的机械作用和代谢产物的化学刺激,病人可反复发作,脐周围疼痛,片刻可缓解。

(3) 蛔虫寄生所产生的毒素刺激神经系统,可致睡眠不安、磨牙、烦躁不安等症状。

(4) 过敏性体制的儿童常会发生荨麻疹、皮肤瘙痒等过敏现象。

(5) 可能引起严重的并发症,如胆道蛔虫、蛔虫性肠梗阻、蛔虫性阑尾炎。

3. 预防

(1) 粪便无害化处理,消灭蛔虫卵。

(2) 教育儿童讲究饮食卫生和个人卫生,饭前便后要洗手,运动后要洗手,防止感染。

(3) 每年集体驱蛔一次,选择在秋季、冬季进行。

活动设计

小狗毛毛感冒了(小班)

活动目标

了解感冒的明显症状,知道看病、体检对人的健康有益,并能配合医生进行治疗。

活动准备

木偶:小狗毛毛,牛医生;角色游戏小医生的几套用具。

活动过程

一、导入活动

教师利用本班幼儿生病的事例,引导幼儿想一想:生病了应该怎么办? 为什么要吃药打针?

二、观看情境表演:毛毛感冒了

提问:(1)毛毛为什么感冒了?

(2)感冒后,毛毛和以前有什么不同?

(3)毛毛是怎样治好感冒的?

让幼儿知道看病对人的健康有益,生病时要吃药打针,病才好得快,应听从医生的话。

三、幼儿讨论

师:你以前感冒过吗? 有什么感觉? 怎样做才好得更快?

请幼儿交流自己哪些地方做得好,哪些地方做得差。

四、教师小结

师:小朋友们要听医生的话,不怕吃药不怕打针,才能好得快哦!

五、角色游戏"小医生"

让幼儿通过角色游戏扮演,巩固对防病、治病的认识。

活动延伸

1. 参观医务室,让保健医生为幼儿体检,使幼儿了解到体检对身体的意义,并向大哥哥大姐姐学习积极配合医生的工作。

2. 利用接种疫苗的机会,培养幼儿勇敢的精神,评选出"勇敢娃娃",给予鼓励。

活动评析

请尝试带着以下问题来评析本活动:本活动适合哪个年龄班的幼儿? 哪些活动适合主题教学? 哪些活动适合家园合作? 哪些活动可以在日常生活中随机进行渗透教育? 在各类教育活动中,教师应该注意哪些问题? 哪些内容幼儿接受起来困难一些?

活动设计

我爱白开水(中班)

活动目标

1. 知道人每天都需要喝水。
2. 知道白开水是很好的饮品,养成主动喝白开水的习惯。

活动准备

1. 自制PPT:多样的饮料。
2. 西方人、东方人、蒙古族人、藏族人图片;咖啡、绿茶、奶茶、酥油茶图片。
3. 视频:《水——生命之源》。
4. 请幼儿园保健医生准备关于饮料危害的讲解。

活动过程

一、欣赏 PPT:多样的饮料

师:你们看到PPT中都有哪些饮料啊? 都是哪些地方的人爱喝呢? 我们来做"请你喝饮料"的游戏,好不好?

请小朋友A在白板上贴一张人物图片,另一个小朋友B将该人物喜欢喝的饮料图片贴在人物图片旁边,并且对全班小朋友说:"××人,请你喝××饮料!"如果配对正确,A就高兴地对B说:"谢谢你! 我爱喝××饮料!"如果配对不正确,A就苦恼地对B说:"对不起,我不太爱喝××。"

(西方人——咖啡;东方人——绿茶;蒙古族人——奶茶;藏族人——酥油茶)

二、欣赏短片:《水——生命之源》

师:小朋友,我们剧烈活动后会出很多汗,应该喝什么呢?

幼:喝白开水!

师:对了! 白开水最解渴,对小朋友身体好!

请幼儿欣赏短片:《水——生命之源》。

教师小结:白开水含有丰富的矿物质,能帮助人体进行代谢,小朋友应该多喝白开水。

三、幼儿园保健医生讲解饮料的危害

师:为什么多喝饮料对小朋友的身体有危害呢? 我们一起来听听保健医生怎么说吧!

保健医生讲解:小朋友喜欢喝的可乐、冰红茶等饮料里面添加了很多不好的东西。有的饮料闻起来香香的,是因为里面加了很多香精。有的喝起来甜甜的,是因为里面加了糖或者甜味剂,这对我们小朋友的牙齿很不好,容易让我们产生蛀牙。有的饮料看上去五颜六色的很漂亮,是因为里面加了很多色素。这些色素、甜味剂、香精对我们的身体都有害,喝多了容易使小朋友生病。只有白开水才是对身体最好的,是任何饮料不能替代的,所以我们小朋友要多喝白开水哦!

四、结束活动

幼儿自己动手设计并制作"饮水记录表",每天喝完水后,在自己的名字后贴朵小红花,比一比,谁的"饮水小红花"开得最鲜艳。

思考与练习

1. 幼儿身体保健教育的内容有哪些?
2. 幼儿身体保健教育怎样与日常生活相结合?
3. 幼儿身体保健教育应注意的问题是什么?
4. 案例分析:

　　王老师是小(二)班的老师,她发现班上的小朋友大多数不会正确地洗手,而且很多孩子喜欢在水池边玩水,嬉戏打闹,王老师教育过多次,可是毫无效果。

　　思考:如果你是王老师,请你针对班上这一现象,设计一个活动,帮助小朋友学会正确洗手。

[QR code image]

第四章　学前儿童心理健康教育

第一节　学前儿童心理健康教育的内容

心理健康是人的内心世界与客观环境的平衡，是自我与他人的平衡。当前对心理健康的界定尚不统一，但一般认为心理健康的个体具有以下特征：有幸福感和安全感，遵守社会规范，适应周围环境，能够调节人际关系，具有应变、应急及从疾病或危机中恢复的能力，具有自我实现的理想和能力。

学前儿童心理健康是指心理发展达到相应年龄组儿童的正常水平、情绪积极、性格开朗、无心理障碍，对环境有较快的适应能力。

学前儿童心理健康教育是为促进儿童心理健康发展，充分发挥其潜能而进行的教育活动。

一、0—3岁婴幼儿心理健康教育要点

3岁前，儿童的各项心理机能在形成和发展中，具备了最基本的认知能力，情绪反应逐渐分化，从对成人的完全依赖到自我意识逐步形成，奠定了最初的性格基础。这一时期父母要特别注意与孩子形成亲密的亲子关系，满足他们的生理和心理需求。

(一)克服恐惧情绪

婴儿出生不久就已有痛苦、微笑、厌恶、吃惊、害怕等情绪反应。过多的消极情绪体验会影响成年后的心理健康。恐惧情绪的产生，多来自面对未知事物时的无助感。幼小的婴儿，对外部世界有太多的不了解，所以容易感到恐惧，最害怕的是突然出现大的声音或失去平衡。因此成人要照顾周全，令他们感到安全、舒服，避免受到惊吓，不要在他身边大叫或导致物体发出巨响。

(二)建立安全依恋

依恋是寻求与某人的亲密，并当其在场时感到安全的心理倾向。安全依恋于母亲的婴儿，当母亲在场时，会自由地进行探索、与陌生人打交道，在母亲离开时会表现得心烦意乱，并在看到母亲返回时感到高兴。这需要母亲精心地照顾出生后的婴儿，亲自哺喂母乳，为孩子洗澡、换尿布等，以满足孩子的生理需求。同时，母亲应多用充满爱的眼神和孩子交流，给孩子微笑、亲吻和爱抚，让孩子通过感知觉充分地体验到妈妈的爱。孩子有了被爱的经历，长大后才会爱他人，爱社会，友好地与他人相处。

这种良好的与他人交往的能力是情商中的重要组成部分,也可以说是孩子未来事业成功的关键和基础。缺乏母亲关爱的孩子无法建立安全依恋,他们就会对他人、对周围环境产生不信任感,难以适应陌生环境,形成多疑、孤僻、冷漠的性格特征。

二、3—6岁幼儿心理健康教育内容

3—6岁幼儿心理健康的重要标志是情绪反应适度、社会适应良好,主要表现在能较快适应幼儿园新环境、新生活。

我国的儿科医学专家、幼儿心理和教育专家主要从动作、认知、情绪、意志、行为及人际关系等方面衡量幼儿的心理健康。认为幼儿心理健康的标志有以下六点。

1. 动作发展正常

动作发展与脑的形态及功能的发育密切相关,幼儿躯体大动作和手指精细动作的发展水平处于正常范围是心理健康的基本条件。

2. 认知发展正常

一定的认知能力是幼儿生活与学习的重要条件,虽然幼儿的认知发展存在着个体差异,但若某个幼儿的认知水平明显低于同年龄幼儿,且不在正常范围内,那么该幼儿的认知能力是低下的,心理也是不健康的。幼儿期是认知发展极为迅速的时期,应避免因各种原因造成的脑损伤或不适宜的环境刺激,防止导致幼儿不健康的心理。

3. 情绪积极向上

积极的情绪状态反映了中枢神经系统功能的协调性,亦表明个体的身心处于良好的平衡状态。幼儿的情绪具有很大的冲动性和易变性,但随着年龄的增长,情绪的自我调节能力有所增强,稳定性逐渐提高,并开始学习合理地疏泄消极的情绪。如果某个幼儿经常处于消极的情绪状态,如整天闷闷不乐或一触即发、暴跳如雷,那么该幼儿的心理也是不健康的。

4. 人际关系融洽

幼儿之间的交往是维持心理健康的重要条件,也是获得心理健康的必要途径。心理不健康的幼儿,其人际关系往往是失调的,或自己远离同伴,或成为群体中不受欢迎者。心理健康的幼儿乐于与人交往,能与同伴合作,游戏中能够谦让。

5. 性格特征良好

性格是个性中最核心、最本质的表现,它反映在对客观现实的稳定态度和习惯化了的行为方式中。心理健康的幼儿,一般具有热情、勇敢、自信、主动、合作等性格特征,而心理不健康的幼儿常常具有冷漠、胆怯、自卑、被动、孤僻等性格特征。

6. 没有严重的心理卫生问题

幼儿不健康的心理往往以各种行为方式表现出来,诸如吮吸手指、遗尿、口吃、多动等问题行为。心理健康的幼儿应没有严重的或复杂的问题行为(即心理卫生问题)。

一般认为,幼儿期心理健康应该包括:情绪健康并能适度自我调节;乐于与人交往,人际关系和谐;具有良好的行为习惯,行为与年龄相符;对自己的性别角色有正确的认识。

(一) 学会调整自己的情绪

心理健康的人应该能够根据自己与外界的相互作用,对自己有一个清楚而明确的认识,能根据内外环境的变化调整自己的情绪,控制自己的行为。有意识地对幼儿情绪的自我调控方面进行培养,对于幼儿心理健康的维护、心理素质的提高具有极其重要的意义。学前阶段是情绪发展的重要时期,此时的孩子社会情感迅速发展,情绪情感的冲动性逐渐减少,稳定性逐渐提高,调节自己情感外部表现的能力逐渐增强。并且,幼儿开始出现调节情绪的认知策略,这种策略会随着年龄的增长逐渐加强。

他们开始掩饰自己的情绪,掌握了一些简单的情绪表达规则,对情绪的外部原因和结果的理解进一步提高,知道表现出适当的情绪可以得到成人相应的反应,知道发生的某个事件让大人或同伴高兴了或是不高兴了。但是,他们社会情感的发展还没有完善,对情绪的控制能力不强,容易波动,生活中常常会出现一会儿哭一会儿笑的场面。随着年龄的增长,幼儿对情绪的控制能力才会有所增强,这需要成人加以教育和引导。

1. 转移注意力

幼儿情绪冲动性强,经常处于激动状态,情绪表现强烈而难以自制,有时会深深陷入某种情绪状态无法自拔,比如大声哭闹,甚至自己都弄不清楚为什么会大声哭闹,而且不知如何停止。这时候成人的安慰与说理无济于事,甚至会使这种情绪由于受到关注反而愈发猛烈而持久。这时要适当转移幼儿注意力,用幼儿感兴趣的活动或玩具帮助其从当前情绪状态中摆脱出来。要逐步教会幼儿当沉浸在某种不良情绪中时,要自觉转移注意力,先不去想它,做点别的事,慢慢就忘记了。

2. 合理宣泄情绪

幼儿在生活中必然会产生一些不良情绪,这些情绪如果得不到及时的宣泄,压抑了下来,时间长了会导致身体和心理的疾病。家长和教师要进行合理疏导,教会一些方法来及时释放不良情绪,减轻内心压力,如倾诉、大哭、剧烈运动、放声歌唱、大声喊叫、睡觉等。当然,这种发泄应该是合理的、适度的,要分清对象、时间和场合,用恰当的语言、动作和表情来表达,不要伤害到别人,不对别人乱发脾气,不让自己的坏情绪影响别人。例如,创设心情屋,添置娃娃、操作卡、拳击套、图书、电话,甚至可以放置一些饮料、糖果和点心,这样,幼儿可以在聊天、发泄、吃吃喝喝中缓解自己的情绪。

3. 保持良好心态

引导幼儿形成乐观、向上、开朗、自信的良好心态,经常保持情绪愉快,积极、热情地参与各种活动并从中获得乐趣,不长时间闷闷不乐,不对事情过分苛求;正确评价自己,坦然面对挫折,对周围环境有安全感,学会自我鼓励,自我安慰;喜欢参加竞争活动,对成功或失败反应适度,失败时不情绪低落,成功时也不欣喜若狂。

(二)学习社会交往技能

交往是建立个人与社会联系、提高社会适应能力、培养健全人格的重要途径,对于幼儿心理的健康发展起着举足轻重的作用。交往技能,即解决交往中所遇问题的策略和技巧,是在幼儿与成人和同伴的交往活动中逐渐习得的。

幼儿在1岁之前就能够对别人微笑或发声,表示友好,看到别人摔倒、哭泣、受伤时会表示关注和同情,以后越来越明显地表现出同情、分享和助人等利他行为,轻轻拍拍哭泣的同伴,把自己的食物或玩具拿给别人,帮助妈妈做点简单的事情等。1岁左右的幼儿也开始出现攻击性行为,2岁左右表现出一些明显的冲突,如抢夺玩具、推咬别人、乱抓别人、乱扔东西等。

幼儿在与成人和同伴的交往中,逐渐学会识别他人的情绪体验,推断他人的处境,解决与他人之间的矛盾冲突,以适当的方式达到自己的交往目的。许多幼儿在交往中表现出不恰当的交往行为,往往不是故意的,而是缺乏相应的技能。社会交往技能的学习影响着幼儿将来能否积极地适应各种环境,能否协调好与他人和集体的关系,能否勇敢地担起社会责任,能否成为一名合格公民。

1. 学会移情

移情是对他人情绪情感状态的识别和接受。在交往中,要引导幼儿换位思考,觉察他人的情感,感受他人的需要,而且能设身处地地为他人着想,产生与他人相同的心理感受。这样可以促进幼儿建立和谐的人际关系,减少反社会行为的发生。可以通过听故事、角色扮演等方法来让幼儿产生与角色相似的心理感受,训练幼儿的移情能力。例如,对待爱欺侮别人的幼儿,可让他在游戏中扮演弱者的形象,体验受人攻击的痛苦,逐步改变不良行为。

2. 学会分享与合作

要让幼儿更好地适应集体生活,提高社会交往能力,学会与人和谐相处,应学会分享物品与角色,互相合作,恰当表达自己的愿望,考虑别人的要求,用恰当的方法解决矛盾冲突。教会幼儿当集体使用玩具、用具时能与同伴共同分享,不独自占有;当轮流使用器具、玩具或轮流活动时,能耐心地等待;当需要向别人借东西时,先征得别人的同意,并在用后及时归还;当别人正在活动时怎样以适当的方式请求参与进去;当同伴提出加入自己正在进行的活动时,能乐意接受;在活动中能理解同伴的兴趣和爱好,既能服从别人的兴趣,而又不盲从,并能积极地提出自己的建议和意见,愉快地与同伴合作。这些交往技能幼儿难以通过单纯的模仿掌握,应该经常向孩子讲述,并创造机会在实践中进行练习,使幼儿学会在集体生活中建立良好的人际关系。

3. 学会尊重与互助

尊重他人是社会交往中的重要准则,应该从小教育幼儿学会尊重,学会悦纳。教育幼儿要尊重他人的人格,不取笑别人,不歧视有某方面不足或缺陷的人;尊重老师和长辈,见面主动问好,不随便插话,不无理取闹;尊重他人的劳动成果,不故意弄脏地面桌面,不故意撕毁别人的作品。互相帮助也是人际交往的重要内容,要教会幼儿乐于助人,教会他们怎样给予同伴关心、帮助和同情,体验帮助别人给自己带来的快乐,感受到这种利他行为的价值,加深幼儿之间的友谊,增强社会交往能力。

4. 学会恰当的自我评价

自我评价是自我意识发展的一个方面,一般有三种形式:掌握别人对自己的评价;从与别人的比较中对自己作出评价;自我检验。幼儿的自我评价对其自信心、自我认同感的发展有重要影响,自我评价过高或过低都不利于心理健康发展。幼儿的自我评价,还没有完全成熟,常常依赖成人对他的评价,如"我是坏孩子,老师说的";他们也往往从情绪出发来自我评价,缺少理智成分,不够客观公正,如"明明是个坏孩子,因为他今天打我了"。这种自我评价影响着幼儿在同伴中的地位,影响着幼儿在社会交往中的心态和策略,因此,家长和教师要注意自己评价对幼儿的影响,对其评价要客观、公正,不可褒扬过高或随意贬损,同时帮助孩子在其认知发展基础上逐渐形成正确的、恰当的自我评价。逐步让孩子知道自己的能力和特长,知道自己的优点和缺点,初步认识自己在集体中的地位和作用,知道自己能够做的事情和不能够做的事情,能在成人帮助下分析自己的缺点和不足等,正确认识和评价自己。

(三) 形成良好行为习惯

一个人的行为习惯是其品德形成的基础,良好习惯的培养应该从小开始。一方面,由于习惯是一种条件反射,而孩子从出生时就有建立条件反射的能力,这就为培养良好习惯提供了可能性。从出生起就应该养成孩子良好的饮食和睡眠习惯,容易接受新食物,进食安静;讲究卫生,便后及时发出信号;作息规律,节奏性强;容易适应新环境,对成人的招呼反应积极,情绪愉快,对新鲜刺激感兴趣,爱玩等。

另一方面,在家庭和幼儿园的影响下,幼儿逐渐形成各方面稳定的行为习惯。由于此时还没有形成太多不良习惯,这就为培养良好的习惯减少了不必要的阻力。另外,童年时期建立起来的良好习惯更为稳固,因此要注意良好习惯的培养,这不但有利于身心健康,而且对个性的发展和优良品质的形成都有重要的影响。

1. 建立科学的日常生活习惯

科学、规律的日常生活习惯能使人精神愉悦,心态平和,减少情绪的波动和心理紊乱,有利于个体的心理健康。要从小帮助幼儿养成良好的日常生活习惯,如能较快适应新环境,对自己感兴趣的事物或在成人要求下能集中较长时间的注意力,不能为满足自己的需要而提出过分的要求,按时作息早睡早起,吃饭定时定量不暴饮暴食,遵守纪律不影响别人,自己整理玩具等。

2. 养成良好的卫生习惯

帮助儿童养成爱整洁、讲卫生的良好习惯在一定程度上能促进其身心更加和谐发展,建立更好的人际关系。不讲卫生会引起同龄幼儿的取笑和排斥,不利于孩子心理健康发展。讲究卫生、预防疾病本身能促进身体健康,进而影响人的心理健康发展。因此,要教会孩子一些基本的卫生习惯,如饭前便后洗手、勤洗澡勤换衣勤剪指甲、不乱扔垃圾不随地吐痰等。

3. 养成讲文明、有礼貌的习惯

养成礼貌待人见面主动问好、热爱集体、与同伴友好相处、爱护公共卫生和设施、爱护花草树木和小动物等良好的习惯。

4. 培养广泛的兴趣

开展丰富多彩的户外游戏和体育活动,使幼儿喜欢参加各种运动并从中体验运动的乐趣;广泛取材,选择多样的活动内容,采用多种活动形式,培养孩子多方面的兴趣;教会孩子欣赏音乐和其他艺术作品,陶冶孩子情操;丰富孩子的日常生活,让他们学会在生活中发现自己感兴趣的活动并积极参与。

(四)锻炼独立生活和学习的能力

学习日常生活独立自理,自己的事自己做,不依赖他人;在学习和游戏中有主见,学会独立思考并解决问题;独立操作并完成任务,学习自我保护的常识和技能;帮助学前儿童体验独立自主获得成功的愉快情感,培养良好的独立个性心理品质。

(五)认识自己的性别角色

人天生就有性,幼儿对身体感兴趣而予以探索,是幼儿学习认识自己的一种方式。性教育是一种知识教育,也是人格教育。它不仅包括解剖和生殖方面的知识,还强调两性之间态度的发展和指引,关系到幼儿身心健康成长,也关系到家庭和社会的安定。不能认为性教育是无师自通或水到渠成。

孩子出生后,其生物性别已经确定,社会性别的认同却还要在环境影响下逐渐形成。幼儿在3岁前就已经开始对自我性别角色进行认同了,家长给孩子取名字、买衣物、选玩具时要注意考虑其性别特征,逐步培养他们性的社会适应,帮助他们意识到自己的性别角色,并能以自己的性别角色适应社会生活。

幼儿从三四岁起便开始认识到男女之间在外生殖器上的差别,对成人及其他幼儿的生殖器产生好奇感,并积极追问"我是从哪里来的"这类让父母尴尬的问题。

1. 让儿童正常进入性别角色

幼儿对男女性器官的关注和好奇是自然的和正常的,幼儿在认识自己的身体时,性器官就如眼睛、鼻子、嘴巴、手或脚一样,都是幼儿身体的一部分,并无差别。在家庭和社会的要求下,幼儿的自我性别意识会逐渐增强,但如果在这方面出现差错,就可能造成心理问题,甚至产生变态的性心理。家长给孩子洗澡穿衣服时,教师在组织活动、与孩子进行交流时,都要考虑其性别特征,进行正确的引导。

2. 消除儿童对性的神秘感

儿童对自然界的一切都感到新奇,求知欲也十分旺盛。看到任何不理解的事情都喜欢提问为什么、怎么回事,对性的问题也不例外,幼儿有时会向成年人提问一些关于"性"的问题,如,"我是从哪里来的?""为什么我有小鸡鸡而妹妹没有?"这些纯粹是求知的兴趣,成人不必大惊小怪,不应该避讳,更不应训斥制止,应该根据自然现象本身,根据孩子的理解能力简略真实地回答。

3. 正确处理学前儿童的性游戏

教育者和家长要正确对待学前儿童的这些性游戏活动,不能粗暴制止,更不能羞辱。否则,会损害学前儿童性心理的健康发展。应因势利导,晓之以理,帮助学前儿童形成健康的性心理。

4. 纠正玩弄生殖器和大腿摩擦的不良习惯

有些孩子睡觉前后喜欢两大腿上下摩擦,面孔总是红彤彤的,这种情况可能是习惯性阴部摩擦,这种不良习惯完全可以纠正的。平时应注意孩子外阴部的清洁,给孩子穿宽松的内衣内裤。对年龄稍大的孩子应耐心地说服、解释和诱导,主动克服这种不良习惯。

(六)学前儿童心理障碍和行为异常的预防

采取"三级预防"是预防学前儿童发生心理障碍和行为异常的基本策略。一级预防:防止心理障碍和行为异常的发生,增进健康,即病因预防,从根本上杜绝心理障碍和行为异常的发生,并提高心理健康水平;二级预防:早期发现和及时治疗心理障碍和行为异常,防止疾病进一步发展;三级预防:为了疾病的康复,减少复发和残疾程度,尽量恢复病儿的生活自理能力。其中,一级预防是最重要最基本的防病保健康的预防措施。

第二节　学前儿童心理健康教育的组织形式

一、学前儿童心理健康教育的组织形式

(一)生活活动

心理发展是多种因素综合作用的结果,健康的心理是通过生活的各个方面协同培养的,因而,生活活动是学前儿童心理健康教育的重要组织形式。《标准》专业能力维度中明确要求:幼儿园教师要合理安排和组织一日生活的各个环节,将教育灵活地渗透到一日生活中;科学照料幼儿日常生活,指导和协助保育员做好班级常规保育和卫生工作;充分利用各种教育契机,对幼儿进行随机教育;有效保护幼儿,及时处理幼儿的常见事故,遇到危险情况优先救护幼儿。

3 岁前幼儿的心理健康教育主要是在生活中进行的。父母在一日生活中,应该与孩子多接触,引导其情绪健康发展;多带孩子出去,使之与其他成人及同伴广泛接触;合理搭配孩子的饮食结构,养成定时排便等习惯;鼓励孩子多运动,多探索;保持良好的情绪和精神状态,端正自身言谈举止,为孩子提供模仿榜样。

幼儿园在常规养成中,要把心理健康教育纳入其中,结合一日活动渗透心理教育,在各种活动中,让每一个幼儿真正成为各种活动的主体,保持幼儿良好的情绪和精神状态,培养幼儿的互助友爱、团结合作的精神,鼓励幼儿相互交往,提高幼儿社会适应能力,养成良好的行为习惯。在日常生活中,教师要善于抓住时机进行随机教育,训练、巩固幼儿习得的知识和技能,并有目的地渗透心理健康教育。

如早上入园时,要主动向老师问好,与爸爸妈妈告别;在幼儿上厕所时,提醒他们注意男女差异,男女分厕或分批如厕,自然地将性教育融入其中;在加餐时,提醒幼儿注意卫生,不挑食,不争抢,互相谦让,学会分享等;午睡时保持安静,迅速入睡,不大声喧哗影响别人休息;提供适当的场所如设置特定区角,使幼儿可以适时合理发泄不良情绪;在环境的创设中,要给幼儿营造一个轻松、活泼、愉快的活动环境,使幼儿在其中保持良好心境。

针对不同气质和性格的幼儿,教师要认真观察,采取适当方式区别对待。对待爱表现、攻击性强的孩子,要适当约束;对待性格内向、内心敏感的孩子,要积极鼓励,使每一个幼儿都能得到全面健康的发展。

在日常生活活动中,教师也要注意自己的言谈举止,这种榜样示范作用是潜移默化的,幼儿很容易以教师为模仿对象,习得一些好的或不良的社会交往技能,形成一些行为习惯和观念,影响其心理

发展。

(二)教育活动

教师在各项教育活动的组织中都要有机渗透心理健康教育。开展多样化的集体活动,如庆祝节日、运动会、创造性游戏、外出参观等,在活动中加深幼儿之间的共同感受,增加相互帮助的机会,让幼儿在学习自己解决与同伴之间纠纷的过程中,逐渐意识到要克制自己的欲望,考虑别人的意见。在活动中鼓励幼儿积极参与,大胆创新,体验成功的快乐;在一些活动中,可以通过设置障碍、布置难题等方式培养幼儿的意志品质,激发合作愿望。通过故事、儿歌等活动,引导幼儿探讨其中包含的道理,树立正面的榜样;借助音乐、美术等形式,使幼儿学会通过艺术作品来调节自己的情绪,体验创作的快感;或通过游戏活动激发其情绪体验,引导幼儿学会理解与宽容。

例如,为了引导幼儿学会关心别人,帮助幼小,可组织大班幼儿为小班弟弟妹妹布置活动室。要求幼儿事先相互协商制订计划,养成做事有计划有步骤的良好习惯,并培养幼儿合作解决问题的能力;布置过程中要求幼儿分工合作,互相帮助,不争抢物品,合理解决矛盾冲突,及时修正计划,锻炼其人际交往技能;活动结束后组织幼儿讨论、总结,体验成功的喜悦和助人的乐趣。

教育过程中教师要认真观察,专门针对一些幼儿经常出现的问题,设计有针对性的教育活动。

例如,教师发现有的幼儿缺乏同情心,不喜欢帮助别人,可以通过讲《一顶大草帽》中小动物互相关心的故事,在游戏中让他扮演被帮助者的角色等,促进亲社会行为的发展,提高社会适应能力。

(三)家园合作

3岁前幼儿主要的交往环境就是家庭。儿童在亲子交往中学习初始的人际交往策略,开始初步的情感体验,形成最初的行为习惯。父母的性格、爱好、受教育水平、教育观念、教养方式、关系状况等对幼儿心理发展有直接影响。父母关系融洽和谐,互相尊重,家庭氛围温暖和睦,幼儿在家庭中就会感到安全和愉快,情绪稳定,在爱心的熏陶下萌发自信心、上进心、同情心;家庭环境优美整洁,孩子从小就会萌发爱美讲卫生,爱护物品,生活有规律等良好行为习惯;家庭作息制度、饮食结构合理,幼儿的一日生活就有规律。幼儿入园后,在家庭中初步形成的心理特征必然要同幼儿园教育发生作用。要避免家园教育相冲突,使幼儿心理健康教育成为一个长期的、连续的过程,还要加强家园联系,家园一致,相互配合,才能取得最佳效果。

有的幼儿在家和在园表现出两个样,在一定程度上削弱了幼儿园教育的力度。例如,有的幼儿在园能够与同伴分享物品,在家却习惯自己独占;有的幼儿在园能够自己调整情绪,在家却因为有父母的宠爱又变得易冲动,不分场合用大哭大叫等方式要求父母顺从自己意愿;在幼儿园养成了良好的作息习惯,在家又因为家园作息制度不同而紊乱;在幼儿园形成的某些卫生习惯受到家长的非议……为了协调家园教育,教师可以通过家长会、家园联系专栏等做好家长工作,帮助家长认清幼儿心理健康教育的重要性,争取家长的积极配合。幼儿园教育要以家庭教育为基础和依托,争取家长的支持和配合;家长要将教师的教育模式延伸到家庭教育中来,幼儿园要求孩子怎么做的,在家里同样如此要求孩子,并以身作则为幼儿树立榜样。

举办家长学校,开展相关讲座,或者开展"友好小组"活动,让家长彼此交流育儿经验,都是值得借鉴的做法。

二、学前儿童心理健康教育应注意的问题

(一)教师及周围成人自身心理素质的提高

心理健康问题已引起社会各界的广泛关注。由于生活节奏加快、工作压力增大等原因引发的心理问题困扰着人们,在一定程度上也影响了人们的生活质量和工作态度。教师群体也面临着职

业倦怠、焦虑等心理隐患。而教师和家长的心理健康与否,直接影响着身边的孩子。因此,要对幼儿进行心理健康教育,教师和家长包括周围的其他成年人首先应注意提高自身心理健康水平。应该能够调整自己的情绪,合理排解工作、生活压力,保持自信、乐观、开朗、向上的良好心态;对自己有正确的评价,生活目标切合实际,保持人格的完整与和谐;具有良好的社会适应能力,融洽和谐的人际关系,良好的行为习惯,给幼儿以积极的正面的影响。尽量不要在孩子面前宣泄不良情绪,不应因为自己心情不好影响孩子,更不应向孩子发泄。为促进幼儿园教师专业发展,建设高素质幼儿园教师队伍,根据《中华人民共和国教师法》,特制定《幼儿园教师专业标准(试行)》。《标准》中有四个基本理念:幼儿为本、师德为先、能力为重、终身学习。其中"幼儿为本"谈到:尊重幼儿权益,以幼儿为主体,充分调动和发挥幼儿的主动性;遵循幼儿身心发展特点和保教活动规律,提供适合的教育,保障幼儿快乐健康成长。"师德为先"谈到:热爱学前教育事业,具有职业理想,践行社会主义核心价值体系,履行教师职业道德规范。关爱幼儿,尊重幼儿人格,富有爱心、责任心、耐心和细心;为人师表,教书育人,自尊自律,做幼儿健康成长的启蒙者和引路人。这些表述充分说明教师自身素质的至关重要。

(二)渗透在日常教育工作中

心理的发展受多种因素影响,并且具有连续性,因此,要在一日生活的各个环节关注幼儿的心理健康教育,并保持要求的一致性。这需要教师、保育员及其他幼儿园工作人员的支持,也需要家长的配合。例如,教师在集体活动中教育孩子要互相帮助团结友爱,如果分餐时保育员装作不小心扭伤了腰,教师要赶紧跑过去提供帮助,并要求幼儿也表示关心。整个教育过程自然而连贯,幼儿也得以应用巩固所学内容。《标准》中的专业能力维度明确要求:建立良好的师幼关系,帮助幼儿建立良好的同伴关系,让幼儿感到温暖和愉悦;建立班级秩序与规则,营造良好的班级氛围,让幼儿感受到安全、舒适。

(三)善于观察,适时疏导

幼儿在成长过程中渐渐学会了将情绪由外露转为内隐,如伤心时不哭出声音来,受了委屈不敢表现出来等,但又由于情绪调节能力不足而强自压抑。或有时由于缺乏必要的语言表达能力,不懂得如何表达自己的情感体验,影响情绪和精神状态。这就需要教师善于观察,熟悉每个孩子的个性特点和表达方式,及时发现孩子的反常情绪,适时帮助其疏导情绪,以爱心来呵护孩子的心灵。教师可以通过讲道理、讲故事帮助孩子调整心态,或教给适当的方式来合理宣泄,或者转移其注意力防止过度沉溺于某一不良情绪。

(四)师生平等,尊重幼儿人格,不要妄下结论

幼儿虽小,但在人格上和教师是平等的,要尊重每个孩子,保护他们健康成长。不要随便下结论,如指责某幼儿有"多动症",或断定某幼儿是"自闭症"。这会对孩子的幼小心灵造成严重伤害,而且影响其社会性的发展。

当然,如果发现某幼儿有一些症状与幼儿易患心理疾病的表现相似,教师应及时提醒家长带孩子去医院检查,以免错过最佳治疗年龄。即使幼儿真的患有某方面心理疾病,教师也应尊重并保护其隐私,尽量为其提供正常的交往环境,并在家长的配合下尽可能帮助治疗,促进其健康发展。

(五)正确看待幼儿个性差异

随着年龄增长,幼儿逐渐有了个性萌芽,表现出明显的个性倾向。这是幼儿心理发展的自然规律,教师应根据这种差异因材施教,使每一个幼儿都得到全面和谐的发展。不要因幼儿个性有差异而表现出对一部分孩子偏爱,更不要因此认为某些孩子发展不正常。例如,因为气质的差异,幼儿有的热情而暴躁,有的活泼而好动,有的沉静而迟缓,有的敏感而细腻,这都是正常的心理特征,教师应有针对性地采取相应策略,使得每个孩子都能在此基础上形成有利于自己发展的个性心理特征。不要因为某幼儿较活泼就认为其"多动",也不要因为某幼儿特别敏感而认定其"抑郁"。教师的态度和暗

示对幼儿的自我评价影响极大,因此一定要慎重,公平、公正地对待每一个孩子。

(六) 幼儿园与家庭、社会密切配合

幼儿的思想很单纯,对这个世界的认识,基本上还是一片空白,而且缺乏明辨是非的能力,所以对于周围成人的教育容易全部接受,对周围成人的言谈举止尤为上心,教师或家长不雅的一句话,沿途路人一个动作,都可能误导孩子。幼儿是在幼儿园、家庭、社区的合力作用下成长的,只有各方面力量保持一致,才能促进其心理健康发展。如果各方面要求互相冲突,会大大削弱正面教育的力量,甚至使幼儿养成某些不良心理品质,增加教育的难度。

三、《指南》中提出的心理健康方面的教育建议

幼儿园教师理解和实施《指南》中提出的心理健康方面的教育建议时,不要将前面所讲理论孤立和隔离,在组织具体的心理健康教育活动时,要结合前面讲过的应注意的问题,一并考虑。

(一) 情绪安定愉快的教育建议

(1) 营造温暖、轻松的心理环境,让幼儿形成安全感和信赖感。如:

➤ 保持良好的情绪状态,以积极、愉快的情绪影响幼儿。

➤ 以欣赏的态度对待幼儿。注意发现幼儿的优点,接纳他们的个体差异,不简单与同伴做横向比较。

➤ 幼儿做错事时要冷静处理,不厉声斥责,更不能打骂。

(2) 帮助幼儿学会恰当表达和调控情绪。如:

成人用恰当的方式表达情绪,为幼儿做出榜样。如生气时不乱发脾气,不迁怒于人。

➤ 成人和幼儿一起谈论自己高兴或生气的事,鼓励幼儿与人分享自己的情绪。

➤ 允许幼儿表达自己的情绪,并给予适当的引导。如幼儿发脾气时不硬性压制,等其平静后告诉他什么行为是可以接受的。

➤ 发现幼儿不高兴时,主动询问情况,帮助他们化解消极情绪。

(二) 具有一定的适应能力的教育建议

(1) 保证幼儿的户外活动时间,提高幼儿适应季节变化的能力。

➤ 幼儿每日户外活动时间一般不少于 2 小时,其中体育活动时间不少于 1 小时,季节交替时要坚持。

➤ 气温过热或过冷的季节或地区应因地制宜,选择温度适当的时间段开展户外活动,也可根据气温的变化和幼儿的个体差异,适当减少活动的时间。

(2) 经常与幼儿玩拉手转圈、秋千、转椅等游戏活动,让幼儿适应轻微的摆动、颠簸、旋转,促进其平衡机能的发展。

(3) 锻炼幼儿适应生活环境变化的能力。如:

➤ 注意观察幼儿在新环境中的饮食、睡眠、游戏等方面的情况,采取相应的措施帮助他们尽快适应新环境。

➤ 经常带幼儿接触不同的人际环境,如参加亲戚朋友聚会,多和不熟悉的小朋友玩,使幼儿较快适应新的人际关系。

(三) 具备基本的安全知识和自我保护能力的教育建议

(1) 创设安全的生活环境,提供必要的保护措施。如:

➤ 要把热水瓶、药品、火柴、刀具等物品放到幼儿够不到的地方;阳台或窗台要有安全保护措施;要使用安全的电源插座等。

➤ 在公共场所要注意照看好幼儿;幼儿乘车、乘电梯时要有成人陪伴;不把幼儿单独留在家里或

汽车里等。

（2）结合生活实际对幼儿进行安全教育。如：

➤ 外出时，提醒幼儿要紧跟成人，不远离成人的视线，不跟陌生人走，不吃陌生人给的东西；不在河边和马路边玩耍；要遵守交通规则等。

➤ 帮助幼儿了解周围环境中不安全的事物，不做危险的事。如不动热水壶，不玩火柴或打火机，不摸电源插座，不攀爬窗户或阳台等。

➤ 帮助幼儿认识常见的安全标识，如：小心触电、小心有毒、禁止下河游泳、紧急出口等。

➤ 告诉幼儿不允许别人触摸自己的隐私部位。

（3）教给幼儿简单的自救和求救的方法。如：

➤ 记住自己家庭的住址、电话号码、父母的姓名和单位，一旦走失时知道向成人求助，并能提供必要信息。

➤ 遇到火灾或其他紧急情况时，知道要拨打 110、120、119 等求救电话。

➤ 可利用图书、音像等材料对幼儿进行逃生和求救方面的教育，并运用游戏方式模拟练习。

➤ 幼儿园应定期进行火灾、地震等自然灾害的逃生演习。

第三节　学前儿童常见心理障碍的表现与矫治

一、儿童孤独症

儿童孤独症又称为儿童自闭症，是一类以严重孤独、缺乏情感反应、语言发育障碍、刻板重复动作和对环境奇特的反应为特征的精神疾病。通常发生 3 岁之前，还有的孩子在一两岁时看起来很正常，到 3 岁左右才发现有异常表现。

> **案例**
>
> 天天，男，4 岁，来幼儿园几个月了，几乎不开口说话，不回答问题，喜欢独处，对人态度冷淡，不理不睬，每次都以同一方式去做某件事情，要一种类型的玩具，坐同一个座位，上厕所用同一个便池。

（一）病因

儿童孤独症的起因尚不太清楚，病因尚无定论。一般认为，孤独症与遗传因素、器质性因素以及环境因素有关。新的研究发现，儿童患者脑中鸦片素含量过多，常出现孤独、麻木症状和感情交流障碍等。到目前为止，有多种病因学说，但究竟是什么原因引起的儿童孤独症，尚未明确。

（二）治疗

对于孤独症患儿来讲，只有早发现、早干预、进行行为矫治，才能帮他们缩短与正常社会的差距，让他们早日融入社会。治疗上最重要的是教育和行为治疗，目的是促进对患儿正常行为的教育，特别是社会性行为的矫正，纠正异常行为，父母要改变养育方式，多接近、多关心患儿，给孩子以温暖。也可在医生指导下配合药物治疗。孤独症患者不仅需要家长、老师的帮助，还需要整个社会的支持、帮助。

二、儿童焦虑症

焦虑症是在儿童时期无明显原因下发生的发作性紧张、莫名恐惧与不安,常伴有自主神经系统功能的异常,是一种较常见的情绪障碍。

案例

> 毛毛,女,3岁,常表现出害怕、恐惧,感觉要大祸临头。胆小,不愿离开父母,纠缠母亲,上幼儿园时显得惶恐不安,哭泣。食欲不振,时有呕吐、腹泻,看起来显得营养不良。夜里入睡困难,夜眠不安,易惊醒,多噩梦或有梦魇。

(一)病因

儿童焦虑症与先天素质和后天环境因素有密切关系。这类孩子先天就有敏感、自信心不足、自尊心又很强的性格特点,容易紧张、多虑。他们的家长也常有敏感、多虑的表现,而且对孩子的教育方法不当。

(二)治疗

创造良好的环境,增进家庭和睦,改进养育方法,着重培养儿童的自信心、勇气、胆略和独立生活能力,减少其依赖性,增强他们的社会交往和集体意识,减少心理过程中的阴暗因素,促使其热爱生活、热爱集体、热爱大自然。

三、感觉统合失调

所谓感觉统合就是大脑把听觉、视觉、触觉等身体的各种感觉器官传来的信息进行多次的组织分析、综合处理,从而作出正确的决策,使个性和谐有效地运行。当大脑对感觉信息的统合发生问题时,就会发生运作失灵,这种失灵被称为感觉统合失调。它使认知能力与适应能力削弱,学习或工作效率低下。时间长了,这种不和谐运作与所产生的低能表现必然导致心理障碍。

案例

> 彬彬,男,6岁。好动不安,注意力不集中;写字常常笔画或部首颠倒,阅读漏字或跳行,计算粗心,做事或写作业磨蹭;动作不协调,常表现走路顺拐,将鞋袜穿反;语言发展迟缓,口齿不清,唱歌跑调,读英语时结巴。

(一)病因

感觉统合失调的原因很复杂,具有多元性,目前尚未完全明确,主要与孕育过程中出现的问题及生产方式、出生后的抚养方式有关。例如,先兆流产、孕期用药、情绪不稳定,常处于应激状态,早产、剖宫产,出生后抚养者少摇抱,没有学会爬就先会走等。有些家长对孩子过分保护,幼儿应有的摸、爬、滚、打、蹦跳等行为,在发育的自然历程中被人为破坏。幼儿该爬的时候没爬,日后可能出现协调性、平衡感差,该哭的时候不让哭,口腔肌肉缺乏锻炼,心肺功能弱。伙伴少了,幼儿整天与成人接触,成人化的思维多,幼儿缺乏与同龄儿一起玩耍而产生的童真。缺乏运动、缺乏游戏、缺乏大自然的熏陶都是导致幼儿感觉统合失调的因素。

（二）治疗

家长首先自己要进行心理调适，不要再给孩子压力，使他觉得自己是有病的人。除必要的训练外，要学会引导孩子融入小伙伴中，走出孤独与乏味；要让孩子自己做力所能及的事；定期参加各类体育锻炼（如走独木桥、跳沙坑、捉迷藏、丢手绢、赛跑等）；适当进行触觉训练，包括摩擦、按摩、挤、轻压、重压等，对幼儿的大脑进行刺激训练，也可通过特定的治疗器进行运动训练。

四、口吃

口吃俗称结巴，是幼儿常见的一种语言障碍，表现为说话时迟缓，发音延长或停顿，不自觉地阻断或语塞，间歇地重复一个字或一个词，失去正常的说话节律，呈现出特殊的断续性。

> **案例**
>
> 佳佳，男，5岁。说话时情绪紧张、激动，心跳加快，呼吸急促，字、词、句表述得极不连贯，不该停顿的地方，有时一个字能停顿几秒钟，重复好几遍，一个字能拖很长的音才过渡到下一个字或词，并常不由自主地伴有手势、体态和表情等多余动作。

（一）病因

口吃的形成可能是由于父母在幼儿学说话阶段要求过急，孩子发音不准或咬字不清楚时，父母急于做过多的矫正，使孩子在心理上造成压力；或受到突然的精神刺激，如受惊吓、环境突然改变等造成的心理紧张，没有得到有效的缓解；也有模仿而导致；口吃与遗传因素也有一些关系。

（二）治疗

预防和治疗口吃，要消除周围环境中引起幼儿紧张的人为因素。周围的人不可讥笑、嘲弄口吃的幼儿，以打消幼儿对口吃的顾虑。成人用平静、柔和的语气和幼儿说话，使幼儿模仿这种从容的语调，口吃自然会逐渐减少。另外，还要严格作息制度，有规律的生活、充足的睡眠、丰富的游戏都会使幼儿暂时性的口吃逐渐消失。还可配合音乐、舞蹈，用有节奏的动作矫正口吃。

五、恋物瘾

幼儿的"恋物瘾"是一种离了某一样陪伴惯了的东西就忐忑不安的行为，表现为患者怕见生人，回避集体活动，不敢与人说话和交往，胆怯退缩，表情淡漠。

> **案例**
>
> 叶凡，女，5岁。她从来没有离开过她1岁左右玩过的那只玩具熊，尽管家里有许多各式各样的崭新的玩具熊，但她一点也不喜欢。不论到哪里去，旧玩具熊一直是第一重要的东西，必须得把它紧紧抱在怀里，甚至用嘴撕咬着才能安静下来。如果她发现旧玩具熊没带，一定会烦躁不安、哭闹不休，即使到了床上也迟迟无法入睡。

恋物瘾大都是因为幼儿在家庭中缺乏与父母的亲情互动，缺少安全感引起的。父母应尽量多找些机会陪陪孩子；平时多拥抱孩子，多抚摸孩子的背部和头顶；就算让孩子独处一室，也要进行睡前安抚工作；在选购有关幼儿用品时，要有意识地备下类似的替代品，让孩子无法对其中的某样东西"专情"。

六、玩生殖器与摩擦阴部

幼儿有时也会出现手淫现象,用手直接抚弄生殖器,或在某些凸出物上摩擦外阴;有时夹紧大腿前后左右移动;有时将什么东西套在阴茎上或塞进阴道,从中获得一种快感。

> **案例**
>
> 妮妮,女,3岁。聪明漂亮,活泼爱动,和其他孩子没什么不一样,就是在睡觉之前时有一些异常行为:两腿交叉摩擦会阴部,扯被角或拿枕巾在两腿之间来回蹭,过了一会儿就满头大汗,呼吸加快,全身特别是大腿、小腿肌肉及双脚绷紧,之后呼吸变慢,肌肉紧张度消失,伴有舒适和轻松的表情。

对待这些现象,家长不要大惊小怪大声呵斥,应认识到,孩子对性的探索是他们探索未知世界的一部分。刚开始孩子只是偶尔摸到过自己的生殖器,如同摸到眼睛、耳朵一样,完全是无意识的探索。慢慢的这种探索开始在好奇心的驱使下增多,但仍然不受性欲和性幻想的驱使,他们只产生感官上的愉悦反应,而不会引起各种复杂的情感反应。

不过,我们还是有责任引导孩子选择恰当的方式。尤其是如果孩子玩生殖器已经影响到日常活动,就不再是小事一桩了,家长有必要采取恰当的方式尽早纠正。应丰富孩子的生活,使之多样化、趣味化,培养孩子的各种爱好,使孩子把心思和精力都用在他所感兴趣的活动上;尽量减少环境中诱发性活动的刺激,父母自己行为应检点。孩子的内衣内裤应宽松些,不要让孩子从事有可能刺激性感区的活动,如爬树、抱枕头等;对于年龄较大的幼儿,父母可适当地传授一些性的常识,在平时的谈话中要多加引导,可运用比喻、讲故事等方式来说明男女方面的事情;如果孩子确实克服不了这种不良习惯,影响了正常生活,家长应与医生联系,共同查找根源,消除隐患。

七、咬指甲与吸吮手指

有的幼儿喜欢反复啃指甲或甲周皮肤,有时还会咬脚趾甲,或者把手指放入口中吸吮。养成这些习惯常会导致手指损伤,周围皮肤感染,指甲畸形和牙列不整等。

> **案例**
>
> 欣欣,女,3岁。平时喜欢咬小手指,就像咬棒棒糖一样,小手指已咬得发白,并有些变形。父母屡次劝止甚至大声呵斥,在她手指上涂上风油精、花椒面之类的东西,都不见成效。

幼儿咬指甲和吸吮手指常与父母养育方法及环境有关。若父母不懂喂养幼儿以致饥饿,便会以此来抑制饥饿;而缺乏亲人或身边同伴的关怀,也使幼儿产生孤独感或紧张,以致用这种行为来消除不安;幼儿缺锌有的也会出现咬指甲的毛病。

父母要关注孩子的心理需求,要注意满足孩子被爱和被关怀的情感要求;鼓励孩子多与同伴玩耍,给孩子安排一些合适的手工活动,尽量使他们不闲着,以把孩子的注意力引向健康向上、快乐、活泼的活动中;对孩子吸吮手指和咬指甲的行为,父母在给孩子进行矫正时,态度要和蔼亲切,语言动作要轻柔,千万不要大声呵斥、恐吓、打骂,不要简单粗暴地禁止;对于孩子因吸吮行为及咬指甲行为遭受小朋友讥笑时,父母要给予孩子心理上的支持与安慰,要鼓励孩子改掉这种不良行为,在小朋友面前树立孩子的良好形象,千万不要在众人面前呵斥孩子,以免损伤孩子的自尊心,削弱孩子改掉不良行为的信心。同时要定期给孩子修整指甲,不让孩子有啃到的机会。

活动设计

活动视频

情绪泡泡(大班)

活动目标

1. 初步了解不同情绪对健康的影响,知道引起某种情绪的原因。
2. 能用合适的方式表达自己的情绪,并能想办法缓解不良情绪。
3. 愿意与同伴分享自己的情绪,并经常保持积极愉快的情绪。

活动准备

1. 视频《情绪与健康》。
2. 泡泡机一个,欢快的音乐。
3. 课件《情绪棋》。

活动过程

一、玩捉泡泡游戏,感受快乐的情绪

1. 教师吹泡泡,幼儿自由捉泡泡。

2. 讨论交流,初步感受游戏的快乐。

提问:和泡泡做游戏你们开心吗? 你们喜欢这种感觉吗? 为什么?

小结:捉泡泡真是一件会让人开心快乐的事情。

3. 出示照片墙,分享生活中的快乐事情。

提问:快乐的时候是什么表情? 看到这些开心的表情,你的心情怎样?

小结:快乐的情绪人人都喜欢,自己快乐的同时也会带给别人快乐。

二、情境体验,感知不同情绪对健康的影响,并能用合适的方式表达自己的情绪

1. 出示课件,介绍游戏"情绪棋",了解引起某种情绪的原因。

介绍游戏玩法:请小朋友来掷骰子,转到几我们就走几步,看看我们会遇到哪些不同的情绪,直到走到最后找到快乐的情绪才算取得胜利。

提问(1):这是什么表情? 从哪里看出来这个小朋友很害怕? 你有害怕的事情吗? 遇到这样的事情,你会怎么做呢?

小结:害怕的时候会躲在角落里,没有勇气。可是我们长大了,应该克服恐惧的情绪,做个坚强勇敢的好孩子。

提问(2):这是什么表情? 猜猜他为什么会伤心? 没有朋友的心情怎样? 遇到什么事情你也会伤心?

小结:伤心的时候情绪会很低沉,做什么事情也没兴趣。

提问(3):这是什么表情? 她生气的时候是什么样子? 如果你的玩具被别人弄坏了你会怎样做? 如果有一件事情你非常想要发泄出来,你会怎么做呢?

小结:生气会影响身体健康,因此我们要想办法调节情绪,唱唱歌、跳跳舞、做个游戏,或者和别人讲一讲平静一下,可不能乱发脾气。

2. 播放视频《情绪与健康》,了解不同情绪对健康的影响。

提问:生气对我们的身体有哪些影响?

小结:消极的情绪对身体健康有很大的危害!简直太可怕了!所以每天都要保持愉快的心情。

三、表征讲述,学习情绪调节的方法

1. 同伴交流,分享缓解不良情绪的办法。

提问:在生活中如果你遇到这些伤心、难过等消极情绪时,有什么办法能让自己快乐起来?

2. 幼儿表征能让自己或别人快乐的方法。

请你们把这些让人变得开心快乐的方法画下来,一会儿大家一起来讲一讲。

3. 集体分享,学会转换不良情绪的办法。

小结:这些方法都很好,你们都是不乱发脾气、会调节情绪的好孩子。

4. 选择幼儿表征的一个好办法进行尝试,自然结束活动。

活动评析

在本次活动中,教师从不同的"情绪"入手,巧用游戏激趣、亲身体验、表征提升等教学方式,使幼儿初步了解不同情绪对健康的影响,知道引起自己某种情绪的原因,能用合适的方式表达自己的情绪,并能想办法缓解不良情绪,从而能够经常保持积极愉快的情绪。

一是游戏激趣,内化积极情绪体验。活动中,依托游戏"吹泡泡",让幼儿在游戏中体验"快乐"情绪对自身及同伴的积极影响,引导幼儿感知快乐这种积极情绪的重要性。

二是情境迁移,深化对消极情绪的认识。活动中,将生活中的情境以情景剧的形式再现,引导幼儿通过观看讨论情景剧中发生的事情,让他们将情绪和具体事件进行了联系,明确了发生不同的事情会产生不同的情绪,并且能够将事件和情绪进行较好的配对,迁移了经验,同时也提高幼儿对生气、伤心、难过等情绪的理解和感受。另外,活动中结合视频,让幼儿直观地认识到消极情绪对身体健康的危害。

三是表征提升,拓展情绪调节有效经验。活动中,结合幼儿生活中的经验,引导幼儿先思考生活中遇到了不开心的事情,会采用什么办法让自己快乐起来,之后,给予幼儿绘画表征的机会,让幼儿在自由的分享交流中,了解了更多情绪调节的方法,从而引导幼儿学会用正确的方法应对消极情绪,保持积极情绪,做健康快乐的孩子。

思考与练习

1. 学前儿童心理健康教育的内容主要有哪些?

2. 学前儿童心理健康教育的组织形式有哪些?

3. 联系实际谈谈学前儿童心理健康教育应注意哪些问题。

4. 案例分析:

(1)阳阳是一个中班的男孩。在班里表现出胆小怯懦,经常受别的男孩欺负,也不敢向老师告状。家长知道后很担忧,请求老师帮助。

思考:如果你是当班教师,你会怎样帮助阳阳?

(2)兰兰的好朋友朵朵到兰兰家玩,朵朵得意扬扬地对兰兰妈妈说:"阿姨,昨天的珠心算比赛中我得了第一名!老师奖励我一块巧克力!可是兰兰是班上倒数的!"兰兰妈妈又羞又恼,立刻大骂兰兰,让她向朵朵学习。兰兰满脸通红,眼泪汪汪……从此,兰兰再也不邀请朵朵来家里玩了。

思考:以上案例说明了什么问题?

第五章 学前儿童体育

本章重点

◇ 学前儿童体育活动的目标。
◇ 学前儿童体育活动的内容与方法。
◇ 学前儿童体育活动的组织形式。
◇ 学前儿童体育活动应遵循的规律。
◇ 组织学前儿童体育活动应注意的问题。

第一节 0—3岁婴幼儿身体运动发展与开发训练

一、0—3岁婴幼儿动作的发展与表现

孩子出生的第一个月称为新生儿期,又被称为儿童运动初始期。宝宝最早的动作是头部动作,如吸吮反射、眼及头部追随物体的转动;之后是四肢的活动、颈及躯干的运动到双下肢运动;从四肢的大动作到双手的抓、双脚的迈步。

婴儿动作的发育包括大动作和精细动作。大动作往往是指肢体、躯干的动作,而精细动作则表示手的动作。

(一)0—3个月

1.大动作

(1)1个月,婴儿仰卧时头会左右转动,俯卧时会抬头片刻,扶坐时头低垂。

(2)2个月,婴儿俯卧时,头抬起来大约能支持20秒钟;能挺胸;扶坐时头能一晃一晃地竖一下。

(3)3个月,婴儿能稳定地俯卧,挺起胸来;扶坐头向前倾,但头竖得稳。

2.精细动作

(1)0—2个月的婴儿,手指虽然有时会伸展,但基本上是握紧拳头。

(2)2个月,把自己的手放在眼前细看,或者送进嘴里。

(3)3个月,能伸手抓东西,但抓不好。

(二)4—6个月

1.大动作

(1)能仰卧或俯卧,能从仰卧到俯卧及从俯卧到仰卧。

(2)能侧卧并翻身。

(3)有支撑时能坐起。

2.精细动作

(1)能观察、摸索并抓住悬在胸前的玩具。

(2) 能把东西从一只手里换到另一只手里。

(3) 摔落、扔掷小物体。

(三) 7—9个月

1. 大动作

(1) 能不靠扶持独自坐一会。

(2) 能双手扶着东西立起、站稳。

(3) 能用手和膝盖自如地爬行。

2. 精细动作

(1) 能敲击、摇晃发响的玩具。

(2) 握物时能使用拇指和食指。

(3) 能根据物体的特点做各种不同的玩耍,如滚球、从一物件里取出另一物件等。

(四) 10—12个月

1. 大动作

(1) 从在大人的帮助下,能蹲下再站起来,发展到自己会蹲、站立。

(2) 从扶双手走路,发展到扶推车走几步,到牵着手走路,最终能独自走两三步。

2. 精细动作

(1) 手指活动更加灵活,能举起奶瓶自己喝奶,笨拙地使用勺子,能打开抽屉等。

(2) 掌握一些新的动作,如将一个物体放置在另一个物体上,从轴杆上取下圆环,再套上等。

(3) 能翻书,但一翻数页。

(五) 1—1.5岁

1. 大动作

(1) 逐步学会走路,但走不稳。

(2) 能手脚并用爬几级台阶。

(3) 踢静止不动的大球。

(4) 会蹲下身子拾物,撑地站起。

(5) 喜欢扔东西。

(6) 攀爬椅子和桌子。

(7) 边走边跑,但易跌倒。

2. 精细动作

(1) 能准确地将小物件放入瓶中。

(2) 会用大拇指、食指、中指握笔自由涂鸦。

(3) 会一块一块地连接积木,能叠2—3块方积木。

(4) 能随音乐做动作,但往往不合拍。

(六) 1.5—2岁

1. 大动作

(1) 走路自如,开始会跑、攀登、踢球、扔球。

(2) 2岁时,能单脚站片刻,双脚并跳,独自上下楼梯。

2. 精细动作

(1) 会搭6—7块积木且不倒。

(2) 会一页一页翻书。

(3) 逐渐会用杯喝水,用勺吃饭。

(七) 2—3岁

1. 大动作

(1) 基本上掌握了跳、跑、攀登等复杂的动作,会单脚站,单脚跳上1—2次,能从大约25厘米高处跳下。

(2) 3岁左右时能较好地控制身体的平衡,会跳跃、单脚跳、跳远。

(3) 能双脚交替着一步一级下楼梯、攀高爬低。

2. 精细动作

（1）会穿脱短裤，会堆高 8—10 块积木。

（2）能临摹画直线和水平线。

（3）会用剪刀剪一下东西，会扣纽扣、穿珠子、折纸、玩泥。

二、婴幼儿游戏

游戏是婴幼儿喜欢的活动，同时也是婴幼儿十分重要的学习方式，在婴幼儿身心发展中起着无可替代的作用。根据 0—3 岁婴幼儿的健康教育目标以及婴幼儿身心发展和游戏发展的特点与规律，开展适宜的婴幼儿游戏，在满足婴幼儿发展需要的同时，能有效促进其健康发展。

婴幼儿游戏主要处于感知运动性的认知水平，并满足于感官运用和机体活动的生理性快乐，游戏具有较突出的嬉戏性，多以四肢动作、身体的运动、愉快的表情（玩相）以及出声的言语等形式表现于外，侧重于活动性，促进感知觉能力和基本动作能力的发展。婴儿游戏活动的最基本表现形式是活动性游戏，侧重于培养各种基本的动作操作的技能，促进婴幼儿眼手协调能力的发展，也有助于婴幼儿增强体质和形成活泼开朗的性格。其主要通过基本动作和机体运动表现出来，如抬头、翻身、抓握、蹬、坐、爬、站、蹲、行走、跑、跳、蹿、攀登、投掷、平衡手指运动等。

由于婴幼儿的随意注意发展还不完善，而且身体也易疲劳，游戏的目的性和坚持性较差，所以游戏活动的时间不宜太长，一般以不越过 15 分钟为宜，且要注意动静交替、灵活转变，以使婴儿身体的不同部位和器官得到轮流休息和放松。

随着婴幼儿年龄的增长，婴幼儿游戏在户外开展的比例逐渐增大，并且在家庭中，家长应逐渐多提供和其他同伴在一起活动的机会。

3 岁前婴幼儿的主要生活环境是家庭，主要的抚育者是父母及其家人，因此，家长担负着开展婴幼儿游戏的任务。随着经验的不断丰富，婴幼儿也有了在熟悉伙伴群体中生活和游戏的需要，喜欢在群体中彼此模仿语言和行为，积累群体生活经验，体验共同生活、游戏的快乐。因此，家长也可以为 0—3 岁婴幼儿选择亲子园之类的早教机构或托幼机构，指导家长科学育儿，满足婴幼儿身心发展的需要。

（一）婴幼儿游戏案例

1. 游戏：抬抬头（1—2 个月）

游戏目的：

锻炼孩子的颈椎和胸部、背部的肌肉，促进其生长发育。

游戏内容：

孩子俯卧在床上，两臂屈肘，手心向下支撑身体，妈妈或爸爸在前面亲切地呼唤孩子的名字、拍手或用能发出声响的玩具逗引孩子抬头。

2. 游戏：蹬踢彩球（3—4 个月）

游戏目的：

锻炼孩子下肢力量，扩展孩子四肢和全身运动。

游戏内容：

在孩子小床上挂一个吹气的塑料彩球，让孩子仰卧，引导孩子双脚上举，当碰到彩球，听到彩球发出的铃铛声后，会兴奋不已，这时孩子会手舞足蹈，更加努力地蹬踢彩球。

3. 游戏：拉一拉（4—6 个月）

游戏目的：

促进孩子颈部、臂部肌肉力量的发展。

游戏内容：

孩子仰卧位时，家长双手握住(或扶着孩子双肩)，一面喊"坐起来"，一面将孩子拉坐起来。经过反复几次练习后，家长可以逐渐减力，让孩子自己用力拉坐起来。

4. 游戏：虫虫飞、荡秋千(6—8个月)

游戏目的：

促进孩子手眼协调能力;发展平衡能力;激发孩子愉快情绪。

游戏内容：

(1)虫虫飞：大人两手抓住孩子的双手，引导孩子把两个食指尖对拢又分开，并用语言表达"虫虫——飞"，说到"虫虫"时，两个食指尖对拢，当说到"飞"时，手指分开。逐渐地让孩子一听到"虫虫——飞"，就会自己对拢手指再分开，而不用家长来带动。

(2)荡秋千：在床上铺一条大浴巾，让孩子仰卧在上面，家长拉着浴巾的四个角轻轻来回"荡秋千"，并用语言逗引孩子："摇呀摇，摇呀摇，摇得宝宝哈哈笑。"

5. 游戏：学爬(7个月左右)

游戏目的：

锻炼颈背部及四肢肌肉的力量和动作的协调能力，扩大宝宝的认知范围。

游戏内容：

让宝宝俯卧在床上，妈妈在孩子前面摆弄能发声的玩具如小鸭子、小鼓等，吸引孩子的注意，并不停地说："宝宝，小鸭子叫了(或小鼓响了)，快来拿啊!"爸爸在身后用手推着孩子的双脚掌，使其借助爸爸的力量向前移动身体，接触到玩具，以后逐渐减少帮助，训练宝宝自己爬。

6. 游戏：追赶小动物(9—12个月)

游戏目的：

激励孩子尝试自己迈步走，增加其独立走的时间，以发展孩子腿部力量和平衡能力。

游戏内容：

家长以各种可拖拉的小动物玩具引起孩子自己走的兴趣。由一位家长在前拉着玩具走，另一位家长和孩子在后追赶;也可以让孩子拉玩具在前走，家长则在后追;或让孩子拖拉着玩具走到目的地，将玩具放好后，再拖拉其他的"小动物""回家"。在游戏中，对能独立走的孩子，大胆地让他自己走;对走不稳的孩子，可搀扶着他一起走。

7. 游戏：过小桥(1—3岁)

游戏目的：

强化巩固孩子独立行走的能力，促进运动的协调性和躯体的平衡能力。

游戏内容：

用一块长度适中、宽度为20—25厘米的木板作小桥，开始时可把木板放在地上，让孩子在木板上走，训练一段时间后，可适当增加难度，让孩子手抱一个玩具或头上顶一本书在木板上走。还可以把木板的一头架高，让孩子从高处往下走或从低处往高处走(高度可根据需要有所变化)。

8. 游戏：抓泡泡(1—3岁)

游戏目的：

跑跳结合，发展孩子跑的动作及反应敏捷性。

游戏内容：

大人吹肥皂泡，让孩子抓泡泡。东吹吹，西吹吹，逗引孩子来回跑、跳。

9. 游戏：火箭(1.5—3岁)

游戏目的：

通过练习投掷的动作，发展孩子大臂的力量。

游戏内容：

在塑料瓶底戳个洞，把色彩鲜艳的布条系成束，穿过洞塞进瓶子里，让布条从底部露出来，最后用彩纸把瓶身装饰漂亮。成人指导孩子将"小火箭"举过肩，进行投掷。

10. 游戏：撕面条（1—3 岁）

游戏目的：

发展孩子手部小肌肉的灵活性，促进左右手的协调能力。

游戏内容：

成人在纸上画上若干条直线，线条之间的宽度可根据孩子年龄的大小确定。成人引导孩子直线撕纸，做成面条。对于小年龄的孩子，成人画的线条之间的距离要宽一些，也可以引导孩子随意撕纸。

11. 游戏：猫咪走路（1—3 岁）

游戏目的：

练习脚尖走路的动作，锻炼全身的平衡能力和协调能力。

游戏内容：

室内、外均可开展游戏。在较平坦、宽敞的地面上，画两行小猫脚印。也可用若干张纸，每张纸上画一个小猫脚印，摆放在地上，总长约 2.5 米。左一行脚印与右一行脚印前后错落排列，两脚印前后相距约 15 厘米。玩法：游戏开始时，家长说："喵，喵，喵，一只小猫从这里走过去了，留下两行小脚印，请我的小猫咪踩着脚印走过去吧。"让孩子踮起脚尖踩着地面上的脚印向前行走。也可邀请邻居同伴一同游戏。如果有两三个孩子一起玩，比比赛，看谁用脚尖踩住脚印的准确率高、走得快，孩子们会玩得更有兴致。

12. 游戏：钻山洞（1—3 岁）

游戏目的：

练习弯腰钻过障碍物，手膝着地向前爬，锻炼身体的协调性和灵活性。

游戏内容：

选择铺有地板（最好有地毯或垫子）的室内。准备木板凳、椅子等家具，床单、桌布等物品，小猫头饰。玩法：将两把椅子并排放置，上面搭上床单或桌布做成一个"山洞"，"山洞"两边分别设一个大猫、一个小猫的家。请孩子当小猫钻过山洞到大猫家做客。为了增加趣味，可编入故事情节，如：大猫过生日请小猫来开生日宴会等。注意要想出理由让孩子爬来爬去多玩几次，还要提醒孩子注意安全，不要碰到头。

（二）亲子游戏活动方案

活动设计

送飞盘回家（2—3 岁）

活动目标

1. 练习走、跳的动作，发展平衡感。

2. 体验与家人一起游戏的乐趣。

活动准备

1. 圈、飞盘若干，长方体积木 4 块，周转箱 1 只。

2. 场地布置：将 4 块积木连成独木桥，再将圈放在地上作为石子路。

活动过程

1. 教师取出飞盘,并用飞盘做单手向前甩出、向上抛飞等动作。

师:宝宝也来玩飞盘吧! 但是,要走过独木桥、跳过石子路才能拿到飞盘。

2. 教师演示玩法。教师在设置好的场地上走过独木桥、跳过石子路,从飞盘"家"(周转箱)中取出飞盘,边玩边说:"飞盘飞起来喽!"做抛飞、投掷等动作。"飞盘要回家了,我们把它送回家吧。"教师沿原路返回放好飞盘。

3. 宝宝和家长依次走过独木桥、跳过石子路,取到飞盘后玩耍。

请家长鼓励宝宝大胆地在独木桥上行走。对于胆小的宝宝,建议家长给予适当的帮助。

4. 反复进行游戏2—3遍。教师观察并评价宝宝的游戏情况。

活动设计

手指游戏"十个手指扭一扭"(2.5岁)

活动目标

1. 训练小手的灵活性和手部肌肉的发展,开发孩子的左右脑协调。
2. 刺激触觉发展,减轻幼儿的环境压迫感。
3. 体验集体游戏的快乐。

活动准备

音乐(最好原唱)。

活动过程

1. 教师神秘变出、藏起自己的手,引起幼儿注意,并引导家长和幼儿听老师的指令做手指动作。

2. 教师讲明游戏方法(可独立、可互动)、目的、注意事项及家庭延伸指导。

教师带领幼儿和家长一起做游戏。

教师讲解玩法:随着音乐,边说儿歌边用手指做游戏,说一句做一个动作。十个手指扭一扭,这边那边抖一抖(双手十指抖动,左右抖动一次);十个手指上下翻,跑跑跳跳向前走(根据内容做相应动作);十个手指扭一扭,上上下下抖一抖(双手十指抖动,上下抖动一次);十个手指驾马车,得儿驾,进城喽(做骑马动作);十个手指扭一扭,围着圆圈抖一抖(双手十指抖动,转圈抖动一次);十个手指不见了,你来找找我的手(双手藏到身后)。

3. 幼儿、家长可以单独做游戏,也可以面对面互动游戏,由家长说儿歌,和幼儿一起做手指动作。

家长指导:家长是幼儿最好的玩伴,在配合老师游戏的同时,也培养了家长和幼儿良好的亲子感情,并通过互动式游戏来促进幼儿的社会性等诸多方面的发展。

活动设计

小马驮物(2.5岁)

活动目标

1. 发展身体控制力和平衡感,学会自我保护。
2. 培养稳定感和节奏感。
3. 情绪愉悦,喜欢参与集体游戏。

活动准备

音乐。

活动过程

1. 教师创设游戏情境(骑马等情景),并引导家长伸直双腿,孩子坐在家长的膝盖上跟着老师的提示和节奏做游戏。

2. 播放音乐一起游戏。

3. 教师引导家长和幼儿一起玩游走游戏(可根据幼儿年龄特点设计突停、垫步跑等游戏环节)。

家长指导:家长是孩子最好的朋友,家长的配合和投入度将直接影响孩子在活动中的收获,和孩子游戏更是家长与孩子增进亲子感情良好的契机。

三、婴儿体操

婴儿体操是婴儿体格锻炼中最常用的一种方法和手段。婴儿体操,不仅是促进婴儿全身发育的好方法,还是一个很好的亲子游戏项目。每天坚持给孩子做婴儿操进行体能锻炼,能促进婴儿正常的生长发育和身体机能水平的提高,促进婴儿基本动作的适时产生和发展,建立良好的亲子关系,激发婴儿愉快的情绪,增进婴儿身心的健康。

婴儿体操的锻炼应从小开始,坚持不断,体操的动作由简单到复杂,活动量由小到大,贯彻循序渐进性原则,逐步提高婴儿的体能。

(一)婴儿体操练习要求

时间:最好在上午进行,安排在哺乳前或哺乳半小时后做,以免引起不良反应。

设备:在床上或桌子上铺好棉垫和床单,高度以适合成人操作方便为标准。

环境要求:室内保持适当的温度,空气新鲜;最好安排在孩子习惯的房间内操练,并保持安静,以免分散婴儿的注意力;做操的人应该是孩子熟悉的,边做操边进行情感交流。做操时,可以配有音乐和歌曲伴奏,激发婴儿产生愉快的情绪,从而提高做操的效果。

做操要求:做操前,成人应把手洗干净,摘掉手表、戒指等,手的温度要适当。孩子应穿轻便、宽大的衣服,并尽可能的少穿衣服,保证身体充分的活动。做操时,成人的动作要轻柔、有节奏;态度和蔼可亲;做操后要让孩子休息 20—30 分钟。

(二)婴儿体操的种类

婴儿体操大致可分为婴儿被动操和婴儿主、被动操两类。

1. 婴儿被动操

婴儿被动操适用于出生后 6 个月以内的婴儿。婴儿在做操的过程中,其动作完全由成人来操纵和控制,婴儿处于被动状态。成人帮助婴儿的手臂、腿脚等部位做伸展、扩胸、抬举等动作,同时,可以增加适度的按摩动作。成人在帮助婴儿做被动操以前,应用肥皂将双手洗干净,手指甲不宜过长。在做操的过程中,成人的动作要轻柔、缓慢,不要过度牵拉或用力,并注意与婴儿之间的情感交流,如和婴儿说说话、笑一笑等,可以边喊节拍边做或用语言鼓励称赞宝宝,还可以播放一些优美、轻柔的音乐;当婴儿情绪低落时,最好不要勉强婴儿做被动操,以免引起婴儿的反感和不适。做被动操时,可以打乱操节顺序,也可以节选其中的几节重点训练。

2. 婴儿主、被动操

婴儿主、被动操一般适用于 6 个月以上的婴儿。6 个月左右的婴儿,其动作已有了一定的发展,成人可以在婴儿被动操练习的基础上,通过对婴儿动作的操纵和引导,使婴儿配合动作,进行主、被动操的练习。婴儿主、被动操的动作范围也有所扩大,可以增加躯干部位的弯曲、手的抓握、手膝着地、脚的蹬伸与弹跳、迈步等动作。

附：婴儿操案例

要注意的是：接受此项操作训练的宝宝,最好经过健康检查,接受保健医师的健康指导。因为婴儿如果有骨关节解剖改变方面的疾病,或在某些急性疾病期间,暂不宜进行此项运动训练。另外,运动中,应该因人而异,每个婴儿动作发育各有特点,家长应灵活调节运用。例如,某些宝宝上肢或下肢动作发展较差,可有针对性地增加此部分的运动训练次数,同时根据宝宝的体力适当增减节拍,但最多不超过4个8拍。

第一节：胸前交叉

预备姿势：宝宝双臂放在身体两侧,操作者将大拇指放在宝宝掌心,其余四指抓握宝宝腕部。第1拍,将宝宝两臂举起向胸前呈交叉状;第2拍,再将宝宝两臂向体侧外展90度。重复共两个8拍。

第二节：伸屈肘关节

预备姿势：同前。第1拍,将宝宝一侧手臂以肘关节为轴心,举起并屈曲肘关节,使手尽量接近宝宝耳旁;第2拍,肘关节伸直还原;第3、4拍另一侧相同。重复共两个8拍。

第三节：肩关节旋转

预备姿势：同前。第1、2拍,以宝宝肩关节为轴心,将宝宝一侧手臂弯曲贴近前胸,分别以顺时针或逆时针旋转运动;第3、4拍还原;第5—8拍换另一侧手臂,动作相同。重复共两个8拍。

第四节：伸展上肢

预备姿势：同前。第1拍,将宝宝两臂举起向胸前交叉;第2拍,两臂向体侧外展90度,使上肢与其躯干呈"十"字形;第3拍,以肩关节为轴心,上举宝宝双臂过头顶;第4拍,动作还原。重复共两个8拍。

第五节：伸屈踝关节

预备姿势：宝宝仰卧,操作者一手握住宝宝踝部,一手握住宝宝足前掌。第1拍,将宝宝足尖向足背屈曲踝关节;第2拍,足尖向足底伸展踝关节;重复做至8拍。后8拍,换另一侧足踝部做伸屈动作。

第六节：伸屈膝关节

预备姿势：宝宝双腿伸直,操作者两手分别握住宝宝小腿下部近踝处。第1拍,屈曲宝宝一侧膝关节,使其大腿面尽量贴近腹部;第2拍,伸直腿部;第3、4拍屈伸另一侧膝关节。左右轮流,重复共两个8拍。

第七节：双下肢伸直上举

预备姿势：宝宝仰卧,双腿伸直平放。操作者拇指在下,四指在上,双手分别握住宝宝小腿近踝处。第1拍,将两下肢伸直上举呈45度;第2拍,再上举呈90度;第3、4拍还原。重复共两个8拍。

第八节：转体,翻身运动

预备姿势：宝宝仰卧,操作者一只手扶宝宝的后背上方肩胛部,另一只手扶宝宝的臀部。第1拍,将宝宝从仰卧位转为侧卧位;第2拍,动作还原;第3、4拍,另侧相同方法。重复共两个8拍。

第二节　学前儿童体育活动目标

学前儿童体育活动目标就是幼儿园体育工作所要达到的预期目的,它揭示了体育活动影响幼儿发展的预知变化,是幼儿发展的努力方向,也是幼儿园实施体育活动应当完成的任务。

一、学前儿童体育活动的总目标

目标一：激发幼儿参加体育活动的兴趣，提高幼儿对体育活动的积极性、主动性和创造性，开发幼儿的运动潜能。

目标二：激发幼儿活泼、愉快的情绪和乐观开朗的性格，培养幼儿坚强、勇敢、不怕困难的意志品质和主动、乐观、合作的态度。

目标三：促进幼儿身体正常发育、机能协调发展，增强其体质，提高机体对环境的适应能力。

二、学前儿童体育的年龄阶段目标

1. 小班体育活动的目标

（1）能上体正直、自然地走和跑；能向指定方向走和跑；能在指定范围内四散跑、追逐跑；能步行一公里，连续跑约半分钟；能一个跟着一个走，走成一个圆；能较轻松地双脚交替跳着走。

（2）能较轻松自然地双脚同时向前跳、向上跳；能从 25 厘米高处自然地跳下。

（3）能双手用力将球向前、上、后方抛；能单手自然地将沙包等轻物投向前方。

（4）能在平行线（或窄道）中间走；能在宽 25 厘米、高（或斜高）20 厘米的平衡木（或斜坡）上走。

（5）能在 65—70 厘米高的障碍物（如绳子、皮筋、拱形门等）下钻来钻去；能手膝着地（垫）自然协调地向前爬；能倒退爬；能钻爬过低矮障碍物；能在攀登架上爬上爬下，或从网的一侧爬越至另一侧（必要时教师可以帮助）。

（6）初步学会听各种口令和信号并做出相应动作；能边念儿歌或边听音乐做模仿或简单的徒手操。

（7）会玩滑梯、攀登架、转椅等大型体育活动器械并注意安全；会骑小三轮自行车；会推拉独轮车；会滚球、传球、抛接球和原地拍皮球；会利用球、绳、棒、圈等小型多样的体育器材进行身体锻炼。

（8）喜欢并愿意参加体育活动；初步掌握体育活动的有关知识和规则，团结合作，爱护公物；能合作收拾某些小型体育器材。

2. 中班体育活动的目标

（1）能听信号按节奏上下肢协调地走和跑；能听信号变速走、变速跑；能听信号变化方向走；能前脚掌着地走、倒退走；能跨过低障碍物走；能绕过障碍物跑；能快跑 20 米，走跑交替（或慢跑）200 米左右；能在一定范围内四散追逐；能步行 1.5 公里，连续跑约 1 分钟；能听信号切断分队走、一路纵队走。

（2）能自然摆臂连续纵跳触物（物体离幼儿高举的手指尖 20 厘米左右）；能双脚熟练地向前跳或双脚在直线两侧行进跳；能立定跳远，跳距不少于 30 厘米；能双脚站立由高 30 厘米处往下跳，落地轻；能助跑跨跳平行线，跳距不少于 40 厘米；能单、双脚轮换跳，单足连续向前跳。

（3）能肩上挥臂投掷轻物；能自抛自接低（高）球；能两人近距离互抛互接大球；能滚球击物；能左右手拍球。

（4）能在宽 20 厘米、高 30 厘米的平衡木（或斜坡）上走；能原地自转至少 3 圈不跌倒；能闭目向前走至少 10 米。

（5）能熟练协调地在 60 厘米高的障碍物（如圈、拱形门等）下较灵活地侧钻；能手、脚着地（垫）协调地向前爬；能手脚熟练协调地在攀登架、攀登网或肋木上爬上爬下；能团身滚。

（6）能较熟练地听信号集合、分散、排成 4 路纵队（包括切断分队）；能随音乐节奏较准确地做徒手操和轻器械操。

（7）会玩跷跷板、秋千等各类大型体育活动器械；会骑小三轮车、带辅轮的小自行车；会用球、绳、棒、圈及其他废旧材料（如易拉罐、可乐瓶、报纸等）开展小型多样的体育活动。

(8) 具有一定的抵御寒、暑、饥、渴的能力和抵抗疾病的能力。

(9) 喜欢并能较积极地参加体育活动,初步养成参加体育活动的习惯;能较自觉地遵守体育活动的规则;互助合作、爱护公物,能及时收拾小型体育器材。

3. 大班体育活动的目标

(1) 能轻松自如地绕过障碍进行曲线走和跑;能快跑 30 米或接力跑;能走、跳交替(或慢跑)300 米左右;能步行 2 公里,连续跑约 1 分半钟;能听信号左右分队走。

(2) 能原地蹲地起跳连续纵跳触物(物体离幼儿举手指尖 25 厘米左右);能双脚熟练地改变方向(前、后、左、右、转身)跳;能从 35—40 厘米高处自然地跳下,落地轻稳;能立定跳远,跳距不少于 40 厘米;能助跑跨跳平行线,跳距不少于 50 厘米;能助跑跳远,跳距不少于 40 厘米;能助跑屈膝跑过高度约 40 厘米的垂直障碍,能连续向前跳跃多个高 40 厘米、宽 15 厘米的障碍。

(3) 能半侧面单手投掷小沙包等轻物约 4 米远;会肩上挥臂投掷轻物并投准目标(如直径不少于 60 厘米的标靶,投掷距离约 3 米);能抛接高球,或两人相距 2—4 米互抛互接大球。

(4) 能在宽 15 厘米、高 40 厘米的平衡木上交换手臂动作(叉腰、平举、上举等)或持物走;能两臂侧平举闭目起踵自转至少 5 圈,不跌倒;能两臂侧平举单足站立不少于 5 秒钟。

(5) 能熟练协调地侧身、缩身钻过 50 厘米高的障碍物(如拱形门等);能手脚交替协调熟练地在攀登架或肋木上爬上爬下,能在单杠或其他器械上做短暂的悬垂动作;能在攀登绳(棒)上爬高约 15 米;能熟练地在垫上前滚翻、侧滚翻。

(6) 能熟练地听各种口令和信号并做出相应的动作;能听信号迅速地集合、分散、整齐列队、变化队形;能随音乐节奏有精神地做徒手操和轻器械操,动作有力、到位。

(7) 会玩低单杠、秋千脚蹬车或其他大型体育活动器械,会踩高跷、跳绳(50 次以上)、跳皮筋;会运球、传接球、用脚踢(带)球;会用球、绳、棒、圈、积木、报纸、轮胎或其他废旧材料开展各种身体锻炼活动。

(8) 具有较强的抵御寒、暑、饥、渴的能力和抵抗疾病的能力。

(9) 热爱体育活动,有积极参加各种身体锻炼的习惯;能自觉遵守体育活动的规则和要求,合作、负责、宽容、谦让、爱护公物,有较强的集体观念;敢于克服困难,能体验克服困难取得胜利后的愉悦;能独立或合作收拾各种小型体育器材。

三、具体体育活动目标的制定

体育活动的目标作为体育活动的出发点和归宿,直接影响着教师对体育活动内容的选择和编排,并影响着体育活动的过程、方法及环境和材料的布置和利用,也影响着体育活动的评价。

制定具体的体育活动目标时,必须按照幼儿的发展水平和实际的条件,充分考虑体育活动的内容和形式的不同,有针对性地制定。制定体育活动目标有以下三个具体要求。

第一,一个个具体体育活动的展示及其目标的实现是达成年龄目标的必然环节,因此,在制定具体的活动目标时,应紧扣年龄阶段目标。

第二,活动目标的内容应从发展幼儿的认知、情感及动作和技能等方面全面考虑,体现活动功能的综合性。在表述时,每一方面尽量分别阐述,避免交叉,但也应考虑突出重点,不必面面俱到。

第三,表述要具体、明确、操作性强,宜采用幼儿行为目标表达方式,即以幼儿应习得的各种行为来表达活动的目标。

例如,体育活动"小兔跳彩圈"(小班)的活动目标:

➤ 会看颜色并对应跳进相同颜色的圈;

➤ 练习双脚向前行进跳和原地向上跳的能力;

➤ 乐于参与游戏,体验蹦蹦跳跳的乐趣。

又如,体育活动"投沙袋"(中班)的活动目标:

➤ 练习正确的挥臂投掷沙袋的动作;

➤ 发展动作的协调性和灵活性;

➤ 体验合作取得胜利的快乐。

再如,体育活动"夹球走"(大班)的活动目标:

➤ 学习灵活协调地两人夹球走,学会控制和合作;

➤ 开动脑筋,探索不同夹球走的方式;

➤ 能坚持合作,共享创造性玩球的快乐。

第三节　学前儿童体育活动的内容与方法

一、学前儿童体育活动的内容

(一) 基本动作

1. 走

走是儿童从爬到直立后在发展上最重要的一次飞跃。走是人体移动位置最自然最省力的活动,是锻炼身体的手段之一,是幼儿园一项重要的体育活动内容。

走时,全身运动的肌肉占 60%,测定幼儿正常速度走时,心率可达约 120 次/分,可促进幼儿的生长发育。

1) 幼儿走的能力发展。

小班:小班幼儿头重脚轻,腿部力量差,靠上体前倾移动重心,步幅小,速度不均匀,因而走跑分不清,走得步伐不均,落地重,走时注意力分散,东张西望,走不成队,不能形成整齐的队伍走,不能一个跟一个走。

中班:幼儿有变化,上下肢较协调,动作较平稳,但步伐不匀,节奏感不强。

大班:幼儿动作发展好,走得轻松、自然、平稳有力、协调,走时基本能控制速度,但不具备齐步走的能力。横队走不齐,纵队能走齐。

2) 幼儿走的动作要领。

上体正直,自然挺胸,目视前方,肩臂放松,以肩为轴,两臂前后自然摆动,弧度随步幅而定,步幅要大而均匀,抬腿的方向要向正前方,落地要轻而柔,脚尖向前(不要形成内八、外八)。

3) 各年龄班走的要求及内容。

(1) 小班。

要求:上体正直、自然走,不要求整齐与规格。

内容:① 听信号向指定方向走。

② 一个跟着一个走。

参考游戏:跟着小旗走;开火车、开飞机;找找小动物。

(2) 中班。

要求:上体正直,上下肢协调走,两臂前后自然摆动,走得自然、轻松、有节奏,落地不要重,要轻。

内容:① 听信号有节奏地走。

② 听信号变速走。

参考游戏:听鼓声走、信号灯;风声和树叶。

（3）大班。

要求：步伐均匀,有精神地走。

内容：① 听信号改变方向走。

②一对一对整齐地走。

参考游戏：看谁走得对；找朋友；两人三足。

4）教学建议。

（1）幼儿必须轻松自然,教学重点是腿的动作和躯干的正直,抬腿不过高,不过低,落地轻。胸挺直有利于胸腔发育、姿势健美。

（2）采用多种手段和方法教学,发展幼儿走的能力。

有情节、有角色地走(一般是听着音乐走)的体育游戏是幼儿感兴趣的活动。此外,可以根据不同的需要,变化多种走的形式,如用前脚掌走、轻轻走、倒退走、侧着走、大步走、模仿走、听着音乐走、朗诵儿歌走、踩着皮筋走、曲线走、走窄道、变速走等激发幼儿练习的兴趣,还可以加上手的动作,不让幼儿感到单调。

（3）用散步、游览发展幼儿走的能力。

（4）在日常生活中培养幼儿走路的正确姿势。

（5）教师、家长做幼儿的表率。

5）走的游戏活动案例。

活动设计

找找小动物(小班)

活动目标

听信号向指定方向走,自然地走,培养动作的协调性。

活动准备

1. 小鸭、小猫、小狗等动物玩具或者小图片若干(数量与幼儿人数相等)。

2. 在场地一端画一条直线作为起跑线。

活动过程

1. 幼儿成一列横队站在场地一边,教师交代游戏名称与玩法。

师：小动物们要和小朋友玩一个有趣的游戏"找找小动物"。现在,小朋友把眼睛闭上,小动物要去藏起来了。

教师迅速将玩具小动物分别放在场地另一端。然后说："小动物藏好了,请大家睁开眼睛走去找一找吧。"幼儿每人找一个小动物走回来。找小动物时提醒幼儿每人只找一个玩具。

2. 幼儿游戏 2—3 次。幼儿走回场地另一端,玩一会儿找回的小动物,然后交给教师,放回原位。

3. 简单小结：表扬走得好的幼儿。

2. 跑

跑是人体移动位置最自然、最快的形式,是锻炼身体的有效手段,是幼儿园开展最广泛的体育活动内容之一。快跑心率达 180 次/分,慢跑心率达 140—150 次/分,强度变化大,是发展幼儿的速度、耐力、平衡及灵敏性的重要内容。

1）幼儿跑的能力发展。

小班：跑的步幅小，速度慢，步伐不均匀，上下肢不协调，身体不平衡，速度慢，耐力差，跑动中控制身体的能力差，不易立刻停止、转弯、躲闪障碍。

中班：动作协调、自然，能听信号改变方向，速度快，追捉跑，一个盯一个跑。

大班：灵敏、协调、控制力高，转、停顿灵活。

2）幼儿跑的动作要领。

上体前倾，两手半握拳，屈肘在体侧，前后自然摆动，眼向前看，呼吸自然有节奏，腿向后蹬地有力，向前摆腿方向正，幅度大，膝关节放松，前脚掌先着地，脚尖向前，落地轻。

3）各年龄班跑的要求及内容。

（1）小班。

要求：自然跑。

内容：① 沿场地周围跑。

② 听信号向指定方向跑。

③ 在指定的范围内四散跑。

参考游戏：跑跑跑，跑成一个大皮球；老猫睡觉醒不了；小孩小孩真爱玩；踩影子。

（2）中班。

要求：上下肢协调，轻松跑，摆臂好。

内容：① 一路纵队跑。

② 四散追逐跑。

③ 快跑，10—20米。

④ 走跑交替，100—200米。

参考游戏：老狼老狼几点钟；捉星星；抓尾巴；红绿灯。

（3）大班。

要求：上体稍前倾，两手半握拳，屈肘在体侧，前后自然摆动，用前脚掌着地跑。

内容：① 听信号变速、改变方向跑。

② 快跑，20—30米。

③ 走跑交替，200—300米。

参考游戏：走地道；人、枪、虎；扎绳解绳比赛。

4）教学建议。

（1）跑的内容和教材要多样化。

不同形式的跑，其教育作用是不同的。20米快跑主要是发展速度；接力跑主要是培养集体荣誉感和协同活动能力；四散追逐跑可发展速度、耐力、灵敏性。

（2）跑的教学重点是腿的动作。

"步子大，落地轻"是腿部动作的基本要求。

（3）跑要遵循人体活动规律。

跑之前应充分做好准备活动，以防受伤；跑后要充分做好放松、整理活动，以利于幼儿消除疲劳。

（4）跑的过程观察幼儿，掌握好活动量。

跑的游戏活动中，要随时观察幼儿脸色、情绪、呼吸、汗量等，以便调节、掌握好运动负荷；特别留意体质差的幼儿。

（5）培养幼儿正确的呼吸。

指导并教会幼儿口鼻混合呼吸，呼吸时不要张大嘴巴，逐渐使其呼吸自然而有节奏。

(6)注意跑的方向。

圆圈跑时靠近圆心的一侧腿负担较重,如果只顺着一个方向跑,日久天长容易造成脊柱两侧肌肉和下肢发育不均衡。因此,要经常变换圆圈跑的方向。

(7)小班的幼儿不要求速度和节奏。

主要是通过各种游戏进行跑的活动,小班一般不竞赛。

(8)中、大班多组织些竞赛活动,培养幼儿的积极性和进取心。

5)跑的游戏活动案例。

活动设计

狮王和羚羊(大班)

活动目标

1. 练习直线追逐跑和躲闪跑,学习躲闪跑的动作要领。

2. 能遵守游戏规则,听指令快速反应进行游戏。

3. 能积极、勇敢地参与活动,感受追逐跑游戏的快乐。

活动准备

1. 经验准备:幼儿课前了解狮子与羚羊的本领;已有追逐跑的相关经验。

2. 物质准备:创设羚羊的家,狮子头饰2—3个,音乐。

活动过程:

1. 创设"小羚羊练本领"的情境,引发幼儿活动的兴趣。

创设小羚羊跟大羚羊锻炼身体的情境,随音乐节奏进行热身,重点进行手臂摆动、脚踝转动、腰部运动、跑动躲闪等动作,做好准备活动。

2. 探究如何"躲避大狮王",练习直线追逐跑和躲闪跑的动作。

(1)提出狮王的话题,引发幼儿主动探索。

提问:狮王来了怎么办?

请幼儿相互结伴扮演角色,练习追逐跑和躲闪跑的本领。

(2)经验交流:"怎样跑才能躲开追捕?"

通过现场演示练习,让幼儿了解躲闪跑的方法。如在跑的时候遇到追逐者时要快速闪身躲避、提前拐弯跑或迅速改变方向等。

(3)互换角色进一步练习,重点交流和学习躲闪的方法。

3. 开展"狮王和小羚羊"游戏,学习并巩固听指令快速反应和躲闪跑。

(1)教师介绍游戏规则,激发幼儿参与活动的兴趣。

小羚羊在草地吃草,听到"狮王来了"的指令迅速躲避到场地设置好的家里。

(2)增加游戏的难度和趣味性。狮子从侧面的场地出来拦截小羚羊,引导幼儿进行躲闪跑。

(3)再次增加难度进行游戏:引导幼儿扮演狮子,在场地设置的家前面追捕羚羊,羚羊要学会用自己的方法躲闪跑回家中。

(4)进行游戏"聪明的小羚羊"。引导幼儿在场地四散开,听到"狮子来了"的口令进行躲闪跑。当快被追上的时候要说"木头人",然后保持姿势不变,大狮子就不能再捉羚羊了,狮子走后可以继续奔跑,增强游戏的趣味性。

4. 放松活动:创设"小羚羊洗澡"的情景,创造性引导幼儿放松胳膊、腰、腿等部位。

3. 跳

幼儿通过参加各种跳跃活动,不仅增强了腿部肌肉力量,发展了弹跳力、灵活性、协调性,提高了动作的稳定性和平衡能力,而且还有利于培养幼儿勇敢、果断、顽强的意志品质和活泼开朗的性格。

1) 幼儿跳的能力发展。

小班:起跳难,两脚不容易同时离开地面,四肢配合不好,摆不起来,腾空时间短,落地易失去平衡。

中大班:跳跃能力发展很快,动作协调,能熟练掌握立定跳远,双脚向上、向下跳,单双腿连续跳,但落地动作不好。

2) 幼儿跳的动作要领。

跳跃动作包括预备、起跳、腾空、落地四个阶段。预备阶段包括原地和助跑两种方式。原地预备动作是屈膝、体前倾、两臂后摆;助跑动作要求是中速、短距、步不乱。起跳有单脚和双脚两种:单脚起跳时,起跳腿用力蹬直,后腿很快跟上去;双脚起跳时,两腿用力蹬地,摆臂跳起。腾空阶段要保持身体平衡。落地要屈腿缓冲,保持平衡。

3) 各年龄班跳跃要求及内容。

(1) 小班。

要求: 轻轻跳起,自然落下。

内容: ① 双脚同时向上跳。

② 在高度 15—25 厘米处向下跳。

③ 双脚向前行进跳。

参考游戏: 铃儿响叮当;小鸟找食;小白兔种青菜,小白兔采蘑菇。

(2) 中班。

要求: 屈膝摆臂,蹬地跳,落地轻,保持平衡。

内容: ① 原地纵跳触物(物体距离幼儿高举的手指尖 15—20 厘米)。

② 双脚在直线两侧行进跳。

③ 双脚立定跳远,距离不少于 30 厘米。

④ 双脚站立在 20—30 厘米处向下跳。

⑤ 助跑跨跳不少于 40 厘米的平行线。

参考游戏: 种萝卜;小青蛙跳田埂;老虎捉猴子。

(3) 大班。

要求: 屈膝、摆臂,用力蹬地跳起,保持平衡。

内容: ① 原地纵跳触物,物体离幼儿高举的手指尖 20—25 厘米。

② 从高度 30—35 厘米处向下跳。

③ 立定跳远不少于 40 厘米。

④ 助跑跨跳不少于 50 厘米。

⑤ 助跑屈腿跳过 30—40 厘米的高度。

⑥ 跳绳、跳皮筋。

参考游戏: 小伞兵;小青蛙捉害虫;跳房子。

4) 教学建议。

(1) 跳跃教学的重点是起跳和落地。

起跳是决定跳跃远度和高度的主要因素;落地轻、稳,保持平衡,是保证活动安全的重要条件。

(2) 全面完成教育任务。

不同的跳跃内容,对幼儿所起的作用不一样,如从高处向下跳,可改进落地动作和提高平衡能力;跳绳可发展弹跳力、动作速度;侧跳、跳皮筋除发展弹跳力外,对发展灵巧性也有较好的效果;跨跳可以较好地培养幼儿的勇敢精神。

(3)克服幼儿害怕的心理,保护安全。

年龄小、体质差的幼儿跳跃时,常会产生畏惧心理。如从高处向下跳怕摔倒,跳"小河"怕掉到"河"里,跳高怕被绊倒等。教师要帮助幼儿克服这些心理障碍,培养勇敢、果断等意志品质。

5)跳的游戏活动案例。

活动设计

小袋鼠跳跳跳(大班)

活动目标

1.了解并探索布袋的多种玩法,练习身体装在袋中行进跳的动作。

2.能保持身体平衡,动作协调灵活地在袋中进行双脚行进跳、跨越障碍跳。

3.体验利用布袋创造性进行跳跃活动的乐趣。

活动准备

1.物质准备:小布袋人手1个、大布袋1个、小椅子3把、音乐《森林狂想曲》、打雷音效、障碍物、不干胶"小河",圣诞树3棵、装饰物若干。

2.经验准备:幼儿对袋鼠的特点有初步了解。

活动过程

1.创设情境进行热身,激发幼儿活动兴趣。

创设大森林情境,玩游戏"大森林里动物多"。通过模仿各种小动物的行进姿势,活动身体各部位,进行走跑跳等动作热身,为游戏的进行做好充分准备。

2.玩布袋,引导幼儿大胆探索并交流布袋的不同玩法。

(1)通过"圣诞老人送礼物"的情景设置,引出布袋,引导幼儿围绕问题自由探索玩布袋的方法:你想和布袋玩什么游戏?怎么玩?可以一个人玩,也可以和你的伙伴一起玩,看谁的玩法多。

(2)幼儿自由玩布袋,教师观察幼儿玩布袋时的情况,引导幼儿交流布袋的不同玩法。

提问:谁来说一说你刚才和布袋玩了什么游戏?你想出了几种玩法?展示给我们看看。

3.通过"小袋鼠学本领"的情景设置,引导幼儿初步探究袋中行进跳的动作。

(1)教师引导幼儿穿上布袋,变成袋鼠宝宝,幼儿尝试袋中行进跳,教师关注幼儿并引导幼儿探索多种行进跳方式,并请个别幼儿进行示范,幼儿共同探讨玩法,并进行尝试。

提问:我们看看这只小袋鼠是怎么跳的(前进跳、左右跳、后退跳、跳得高等)?我们来看一看这只袋鼠宝宝为什么跳得又稳又快?

(2)引导幼儿进入摆有小河和障碍物的场地,幼儿尝试不同高度、宽度的过障碍跳。

4.玩游戏"小袋鼠装饰圣诞树",引导幼儿在游戏情境中练习袋中双脚行进跳、过障碍跳。

(1)幼儿根据袋子颜色分成3组,终点处有3棵圣诞树,树下有装饰物,每组幼儿鱼贯式进行袋中行进跳到终点,将装饰物贴在圣诞树上并回到起点。

(2)在第一次游戏的基础上,场地中加入两条宽度不同的小河,幼儿再次完成装饰圣诞树任务。

(3)第三次游戏,在原有基础上,加入障碍物,幼儿跳过小河和障碍物完成装饰圣诞树任务。

在游戏过程中,根据幼儿游戏情况,教师及时指导,体验利用布袋进行跳跃活动并完成任务的乐趣,勇于挑战自我。

5. 创设"小袋鼠躲雨"的情境,引导幼儿放松身体,感受游戏乐趣。

(1)播放打雷下雨的声效,引导幼儿蜷缩身体到布袋中,然后做四肢的伸展放松动作。

(2)调整呼吸,通过变魔术趣味性地整理布袋。

4. 投掷

幼儿园投掷活动内容包括滚、抛、传、接、拍、击、拨等内容。这些内容里,像滚球、拍球等动作,并不是投掷的典型动作。但是,因为幼儿投掷器材大部分是运用小球、小棒等器材进行投掷,所以把一些非投掷的典型动作列入投掷教材。

1)幼儿投掷能力的发展。

小、中班:幼儿掌握的投掷动作还很少,动作不够协调,多余动作多,力量小,不准确。做肩上挥臂投掷动作时,往往只是靠一臂之力,出手晚,投不远。

大班:幼儿投掷能力逐步有所提高,逐渐能用上转体和蹬地的力量,动作比较协调,但出手角度仍偏小,投掷方向不稳定。

2)幼儿投掷的动作要领。

肩上投掷:左脚在前,右脚在后,相距一小步距离,重心落在后脚上,右手握住投掷物高举过头,然后右腿蹬地,身体重心移到左腿的同时,迅速挥臂投物。

拍球:两脚自然站立,腿稍弯曲,上体稍前倾;带球时手在球的后上方,球在身体侧面。

接球:看准来球的方向主动迎球;要有正确的手势;接球后要注意缓冲。

3)各年龄班投掷的要求及内容。

(1)小班。

要求:滚、抛、拍和接滚动的球。

内容:① 滚接大皮球。

　　　　② 双手抛大皮球。

　　　　③ 拍皮球。

参考游戏:熊猫滚球;学拍皮球;快快接住它。

(2)中班。

要求:肩上挥投掷物和接抛来的球。

内容:① 自抛自接高、低球。

　　　　② 两人近距离抛接。

　　　　③ 投远。

　　　　④ 左右手拍球。

参考游戏:投过小河;运西瓜;火箭上天。

(3)大班。

要求:行进间拍球,变化形式拍球和集体接力拍球。肩投不仅要投远而且要投准。

内容:① 2—4 米间抛接大球。

　　　　② 花样拍球。

　　　　③ 边跑边拍,边走边拍。

　　　　④ 投远,投准(距离 3 米左右,标靶直径 60 厘米)。

参考游戏:花样拍球;打雪仗;皮球真听我的话;看谁投得准。

4)教学建议。

(1)常讲多练,运用各种游戏方法。

运用多种游戏形式和方法发展幼儿上肢、腹、背等部位的肌肉力量,并注意与跑、跳等动作相结合进行练习。这样,不仅提高了练习兴趣,而且还增加了运动负荷,同时又使身体得到全面锻炼。

(2)贯彻循序渐进的原则,逐步提高难度。

在投掷游戏活动中,既要注意投掷物由轻到重,又要注意投掷距离由近及远、靶子由大到小,逐步提高要求。如抛接球动作应先由教师在近距离抛接,稍有弧度,球正好落在幼儿手中,待幼儿初步掌握接球的手形,再逐步增加距离和变化落点。

(3)不能长期运用一只手抛。

投掷游戏活动中,应尽可能让幼儿双手都得到锻炼,使之均衡发展。

(4)常变换投掷物,增加幼儿的兴趣。

为了提高幼儿活动积极性,可不断变化投掷物和投掷目标。如投掷物可用沙包、小球、纸标、纸团、玩具手榴弹、塑料片、木棒等,目标物可用各种不同的图像。

5)投掷的游戏活动案例。

活动设计

熊猫滚球(小班)

活动目标

学会与同伴两人一起相互滚接大皮球,锻炼手臂肌肉力量,发展投掷能力。

活动准备

1.活动前幼儿已学会儿歌《大皮球》。

2.大皮球若干(为幼儿人数的一半)。

3.相关音乐。

活动过程

1.幼儿四散站在教师周围,教师交代游戏名称,并告诉幼儿:"熊猫妈妈为小熊猫们买了新皮球,让大家和好朋友一起来滚着玩。"

2.教师和一名幼儿边示范边讲解滚接球的要领:两人分开面对面站好,滚球时两手把球用力向前推出去,再两手分开接球。

3.幼儿随音乐《找朋友》边唱边去找一个好朋友。

4.两人一起到场地边拿一个大皮球,找空地方边念儿歌边进行游戏。儿歌:"大皮球,圆溜溜,推一推,滚一滚。你滚给我,我滚给你,大家玩得真高兴。"教师巡回指导,及时提醒幼儿调整两人间的距离。

5.请玩得好的幼儿两人合作表演。幼儿再次游戏,体验共同游戏的快乐。

5.钻爬与攀登

钻爬与攀登是生活中重要的实用技能,是幼儿所喜爱的体育活动。

1)幼儿钻爬、攀登能力的发展。

小班:爬得自然、协调,有兴趣,钻时容易碰着障碍物,攀登手脚不协调,有危险性,很容易在中途放手。

中、大班:钻爬与攀登表现出协调、灵活,速度快。

2)幼儿钻爬、攀登的动作要领。

钻的方法一般有两种:正面钻和侧面钻。正面钻的要求是:面向障碍物,低头、弯腰、屈腿,身体尽量缩小,两脚交替向前移动,从障碍物下面钻过。侧面钻的要求是:身体侧向障碍物,屈膝下蹲,腿前伸、低头、弯腰、移动身体重心，同时转体钻过障碍。

爬的动作种类很多，有手膝着地爬、手脚着地爬、肘膝着地爬以及俯卧在地上的匍匐前进等。无论哪种形式的爬，都要求做到抬头，动作灵活、协调。

攀登动作可以由两手握上一格横木，然后两脚先后登上同一格横木练习开始，逐步过渡到两手两脚交替向上攀登。

3）各年龄班钻爬与攀登的要求及内容。

（1）小班。

要求： 学会低头过障碍；手膝协调向前爬；能在攀登架上爬上爬下。

内容： ① 钻过 70 厘米高障碍物（橡皮筋或绳子）。

② 两手两膝着地向前爬。

③ 在攀登架上爬上爬下。

参考游戏： 小猫钓鱼；蚂蚁搬豆。

（2）中班。

要求： 低头缩身，手脚协调地钻爬和攀登。

内容： ① 钻过直径为 60 厘米的圈。

② 手脚着地屈膝爬。

③ 手脚协调地攀登。

参考游戏： 小猫搬家；网鱼。

（3）大班。

要求： 在中班基础上，协调灵敏地钻爬和攀登障碍。

内容： 巩固提高。

参考游戏： 小猴摘桃；猫捉老鼠；钻山洞。

4）教学建议。

（1）钻、爬和跑跳相结合。

钻、爬时四肢和躯干肌肉负荷较大，在教学和活动时宜与跑跳等活动结合起来，既可提高活动兴趣，又可调节运动负荷，避免身体局部疲劳和增加全身的运动负荷。

（2）注意安全。

攀登有一定的危险性，教学和组织活动时一方面要注意安全保护和帮助，另一方面要通过示范和语言提示等方法增强幼儿的信心和勇气。

（3）利用现有的地形、场地，多给幼儿练习机会。

（4）在钻、爬活动中，如果老师不能做示范，就要请能力强的孩子做示范。

5）钻、爬与攀登的游戏活动案例。

活动设计

小兔采蘑菇（小班）

活动目标

1. 尝试用身体搭"洞洞"，钻过不同高度的"洞洞"，练习钻的基本动作。

2. 运用钻、跑、跳等动作进行游戏，提高身体的协调性。

3. 体验与同伴一起游戏的乐趣。

活动准备

物质准备:

1. 兔宝宝(灰兔和白兔)胸饰每人 1 个。

2. 两条"鲜花"小路。

3. 两种不同高度的"拱门"各 2 个。

4. 蘑菇若干个(幼儿人数的 4 倍),筐子 2 个。

5. 背景音乐。

经验准备:

幼儿有运用自己身体变"洞洞"的经验。

活动过程

一、兔宝宝"洞洞"健身操,锻炼身体各个关节

师:兔宝宝们,咱们一起来做"洞洞"健身操,锻炼身体吧!

二、兔宝宝自由探索搭出"洞洞",练习钻过不同高度的"洞洞"

1. 尝试与同伴合作搭"洞洞"。

观察指导,引导宝宝们探索搭出不同高度的"洞洞"。

师:宝宝们想一想,两个兔宝宝在一起怎样变成一个大山洞?

2. 交流分享,提升经验,尝试钻过不同高度的"洞洞"。

(1) 分别搭出三组不同高度的"洞洞",尝试钻"洞洞"。

师:哪个宝宝能来钻一钻试一试?

(2) 请能力强的宝宝示范钻的动作,进行鱼贯练习,掌握钻的动作要领。

三、兔宝宝采蘑菇游戏,运用钻、跳等动作进行游戏,体验游戏的乐趣

1. 结合场地布置,讲解游戏玩法、规则。

师:妈妈要带宝宝们去采蘑菇,我们要先钻过山洞、跳过鲜花小路,采一个蘑菇赶快跑回来。

2. 分两组进行游戏,运用钻、跑、跳等动作进行游戏,提高身体的协调性。

四、兔宝宝洗澡,放松身体各个部位

师:宝贝们采了这么多蘑菇,可真能干啊! 妈妈带你们去洗洗澡吧!

创设"兔宝宝洗澡"的情节,让幼儿在搓一搓、揉一揉、冲一冲的情境中放松身体各个部位。

活动设计

勇敢的小士兵(中班)

活动目标

1. 掌握手脚协调攀爬的动作技巧,练习爬、跳的动作。

2. 能手脚自然协调地向上、下爬梯子。

3. 体验小士兵扫雷、取炸弹、营救小动物等游戏的乐趣,培养勇敢的精神。

活动准备

1. 纸球(沙包)若干、垫子 4 条、高低不同的竖梯 4 架、梯子最上面贴有炸弹的小标志若干、跳绳 8 根、敌营标志 4 个、小动物玩具若干、舒缓的音乐。

2.场地布置：场地从左至右依次摆放垫子、跳绳、竖梯、敌营标志和小动物玩具,共4组。

一、准备活动

创设情境,引导幼儿以小士兵身份进行操练来活动身体关节,做上肢、体侧、体转、腹背、跳跃等动作。

二、出示梯子,探索并学习向上、下爬梯子的动作

1.出示梯子,幼儿自由探索爬梯子的方法。

2.教师或个别幼儿示范向上、下爬的动作要点。

要点：眼睛向前(上)看,双手抓牢后再抬脚,双脚踩稳梯子后,再松开手去抓下一级梯子。

3.引导幼儿分散练习,初步掌握攀爬技能。

三、游戏"士兵扫雷",进一步掌握向上、下爬梯子的技巧,练习爬、跳的动作

1.教师可创设小士兵到敌营扫雷的情景,激发幼儿兴趣,引导幼儿主动参与游戏。

2.引导幼儿分成4队,鱼贯练习,熟悉攀爬技能。即先爬过垫子,再跳过小河,然后攀爬到竖梯的顶端后摘取一个炸弹标志,最后返回起点。

3.玩游戏"士兵营救小动物"。提高难度,可创设攀爬更高一级的梯子来搭救小动物的游戏情境,引导幼儿进行游戏,体验互相帮助的快乐。

四、放松活动

引导幼儿随舒缓音乐做上下肢的放松动作。

6.平衡

平衡能力是指在任何变化的条件(情况)下,身体保持相对稳定的能力。它不是单一的动作练习,而是通过多种动作练习所形成的一种基本能力。平衡能力的强弱,又将直接影响人们其他活动能力的发展。

1) 幼儿平衡能力的发展。

在坐、立、行、跑、跳等各项身体活动中,都离不开平衡,对安全特别有好处。一般情况幼儿平衡能力差,特别是重心位置提高了,就更害怕;5、6岁发展很快,能滑冰、骑双轮自行车等。

2) 幼儿平衡的动作要领。

窄道走要求上体正直,不晃动,头正颈直,眼往前下看,两臂自然摆动,动作自然。旋转要求两脚轮换作轴心,可加手的动作。

单脚站立要求膝关节直,另一脚离开地面,腿自然弯曲。

其中,窄道走、旋转属于动力性平衡练习,单脚站立属于静力性平衡练习。

3) 各年龄班的要求及内容。

(1)小班。

要求：自然走,身体不左右摇晃。

内容：① 在宽15—25厘米平行线内走。

② 在15—20厘米斜坡上走上走下。

参考游戏：收玩具;小鹅吃草;走小路。

(2)中班。

要求：上体正直,上下肢协调。

内容：① 原地转1—3圈。

② 闭眼走5—10步。

③ 在高20—30厘米、宽15—20厘米的平衡木上走。

参考游戏:小小侦察兵;唐老鸭盖房子;种小树。

(3)大班。

要求:上体正直,步子均匀,上下肢协调,动作自然。

内容:① 单脚站立 5—10 秒。

② 单腿站,闭眼转。

③ 在有间隔的物体(砖、木板、硬纸等)上走,在平衡木上变换动作走。

参考游戏:小小飞行员;学体操。

4)教学建议。

(1)通过各种有情节的游戏进行,让幼儿被情节所吸引,减少孩子的紧张,提高效率。

(2)在有一定高度时,鼓励孩子勇敢,又要有一定帮助。

(3)在有间隔物上走,以幼儿的小步为适。

(4)创造、利用现有的条件、环境,多给幼儿练习。

(5)坚持循序渐进的原则。

使用的器械由低到高,由宽到窄;练习动作由易到难,由简到繁,由少到多,旋转速度由慢到快,旋转圈数由少到多,逐步提高要求,不可操之过急,否则,不仅会使幼儿产生害怕心理,而且还可能出现意外事故。

5)平衡能力的游戏活动案例。

活动设计

小小侦察兵(中班)

活动目标

教幼儿闭眼向前走,发展平衡能力。

活动准备

1.能遮眼的头饰若干(数目与幼儿人数相等)。

2.场地上画两条相距 10 米的横线。

活动过程

1.组织幼儿跑步站成面对面的两列横队(相距 8 米左右),学习闭眼向前走 5—10 步。教师示范、讲解动作要领:"侦察兵的本领真大,能在黑夜里找朋友,今天我们也来学习黑夜走路的本领。走的时候,我们每人都用头饰遮住眼睛。要用前脚掌着地向前走,勇敢地向前跨出去。"

2.与对面幼儿双手相拉结成一对后,一对对进行练习:闭眼的幼儿向前走 5—10 步,睁眼的幼儿两臂张开向后退,边退边告诉闭眼幼儿怎么走,每人轮换练习几次。

3.黑夜找朋友:幼儿站成面对面的两排,相距 10 米左右。一排幼儿先戴上头饰遮住眼睛,对准对面的小朋友走去。另一排幼儿在原地双手接走过来的幼儿,并叫他的名字。找到朋友,两人就高兴地拉拉手,一起说:"我的朋友找到了。"每排轮换练习两次。请走得好的一对幼儿表演。

(二) 体育游戏

体育游戏是幼儿园体育活动中最重要的内容。它是以基本动作为主要内容,以游戏活动为形式,以增强幼儿体质为主要目的的一种活动。它具有以下三层含义:第一,以各种身体动作的练习为基本内容,主要包括各种基本动作的练习、发展身体素质的练习以及运动技术动作的练习(如拍球、踢球等);第二,以游戏活动为基本形式,一般具有一定的情节、角色、规则、娱乐性、竞赛性、自主性和创造性;第三,以发展幼儿的身体素质和基本活动能力为主要目的。

1.各年龄班体育游戏的特点

1)小班。

(1)游戏的动作、内容、情节简单,角色少(通常是幼儿熟悉的角色,主要角色一般由教师来担任),为便于相互模仿,主要是集体同时做相同的动作。

(2)游戏规则简单且和内容联系在一起。

如"老猫睡觉醒不了"游戏规则中规定"老猫"睡觉了,"小猫"才能跑出去玩,"老猫"叫唤后,"小猫"才能跑回家,规则实际是情节的组成部分。

(3)孩子对游戏的动作、角色、情节感兴趣,对结果不太注意,一般不竞赛。

小班游戏规则的限制性小,一般不出现"退出游戏"或"停止一次游戏"这样的惩罚办法。

2)中班。

(1)游戏的动作、内容、情节比小班复杂,角色增多。

(2)游戏的规则比小班复杂,带有一定限制性和惩罚性。

如"老狼老狼几点钟",要老狼说到"天黑了"才能跑。

(3)孩子不仅喜欢游戏的情节、角色,开始注意游戏的结果。

喜欢追逐、竞赛,有竞赛因素的游戏占较大的比例。

3)大班。

(1)游戏动作增多,难度加大,角色更复杂,要求孩子动作灵敏、协调。

(2)规则加深。

(3)喜欢竞争性活动;喜欢有胜负结果的游戏。

绝大多数的游戏带有竞赛因素,赏罚分明。对严格执行规则和取得胜利的要鼓励和表扬;凡是违反规则后所取得的成绩或胜利都应取消。

2.幼儿体育游戏的组织和指导

1)游戏前的准备。

(1)熟悉教材,根据幼儿年龄特点制订计划。要全面研究游戏,深入了解游戏的目标、内容、活动方式、规则等。对幼儿情况的分析也应全面,除了解幼儿健康状况,分析动作、体力和品德表现外,还要注意幼儿智力情况和心理动态,以便在游戏过程中进行全面教育。计划的内容应包括目标、内容、教学重点和难点、组织教法和教学步骤。计划可详可略,要根据教师和其他具体情况而定。

(2)物质准备。游戏场地要平整清洁,事先把场地布置好,所画界线要清晰鲜明,有些幼儿园用白宽布带、塑料布条、皮筋等作为起点线、终点线、投掷区等,既方便又实用,还可以根据需要移动。游戏用的玩具、教具和头饰(袖标或胸饰)等要清洁,色彩鲜艳,数量充足,易损坏的玩教具要有备用的。安放的器械要牢固,并要考虑安放的位置。

教师可以吸引年龄稍大的幼儿参加物质准备工作,如做标志、布置场地、安放轻的器械。物质准备不仅是游戏顺利进行的保证,而且具有品德教育和美育意义。

(3)其他准备工作。有的游戏主要角色和做示范的幼儿要事先培养,有的儿歌需要先教,有的游戏情节也应先给幼儿讲述。还要督促、检查和帮助幼儿整理服装、鞋子(脱去多余衣、裤、手套、围巾等)。

2)游戏开始。

(1)集合幼儿。在短时间内,用简便的方法集中幼儿的注意力,把他们组织起来是保证游戏顺利进行的前提,对年龄小的幼儿,可通过出示玩具、头饰等吸引他们参加,对稍大一些的幼儿可用语言或口令把他们组织起来;在室外分散活动时,可利用信号(拍手、摇铃鼓等)集合幼儿;另外,采用过渡性游戏来组织幼儿,集中注意力,是一种行之有效的好方法。如果幼儿对游戏队形不熟悉,可以先在地下画好线,便于幼儿排队。

(2) 分队(组)和分配角色。合理地分队(组)和分配角色,能充分发挥幼儿的积极性和主动性。竞赛性游戏分队时,要使各队力量均衡。分队(组)的方法有教师分配法、点将法、报数法、自由结合法等。

分配角色的原则是:幼儿能胜任;有利于游戏的顺利进行;对幼儿有教育作用。

分配角色的方法有指定法、推选法、斗智法和随机决定法等。指定法有的是直接指定,有的是暗中指定,有的是事先指定,有的是在活动中临时指定的;还可采用念儿歌的方法,如边轻拍幼儿边说儿歌:"叮叮当,叮叮当,有个××请你当!"说最后一个字时拍到谁谁就当主要角色,教师也可以有意识地指定幼儿;还有由前一次游戏的优胜者或主要角色指定的方法。推选法由参加的人推选决定。如"老鹰捉小鸡"中"母鸡"和"老鹰"可由幼儿自己推选。斗智法如"人、枪、虎"游戏,就是要求幼儿动脑筋,想办法战胜对手,才能当追者。随机决定法如报数法、击鼓传物法、儿歌传物法、儿歌法、"手心手背"法等。

教师应有计划地让全班幼儿都能在游戏中当主要角色;教师适当地参与游戏活动,担当角色,能提高幼儿游戏的积极性。

3) 游戏进行中。

(1) 讲解新游戏。一般要把游戏的名称、游戏中的角色、游戏的玩法、游戏的规则与要求、游戏的结果向幼儿讲明。特别是玩法、规则与要求要讲清楚,否则会影响游戏的顺利进行。讲解要运用生动形象、简明扼要、儿童化的语言;声音洪亮;讲解可结合示范进行(教师自己示范或请幼儿示范)。小、中班要求示范,大班根据情况也可讲完就做。

(2) 幼儿游戏,教师观察指导。幼儿游戏时,教师要全面与个别相结合地观察幼儿,并运用鼓励、引导、参与、帮助、纠正、保护等具体手段指导幼儿,使幼儿主动、积极地开展游戏。

(3) 小结讲评。对前段时间的游戏情况,教师可运用交流、演示、讲评(包括提出新的玩法和要求)等方法,对游戏进行阶段性小结讲评,鼓励幼儿继续游戏。

(4) 游戏进行中应注意以下问题。

第一,调节活动量,注意孩子的发展。在游戏进行中,教师要善于观察与调整游戏的活动量。如发现运动量不足或过大时,应采取增减活动的紧张程度、比赛的次数,扩大或缩小场地,或者是进行轮流活动和短时间的休息(休息时可评议幼儿执行规则方面的情况,以及提出注意安全等方面的问题)。另外,还要注意对体质强弱不同的幼儿区别对待。如进行"捕鱼"这个四散追逐跑的游戏,刚开始进行时,可先放一段音乐,让全体"小鱼"自由自在地游一会儿,活动一段时间后,可先捕体质弱的"鱼",对那些较胖而不太爱活动的"鱼"可在他身后假装捕捉,督促他们多活动,然后再捉那些体质一般或是较易兴奋、控制不住自己活动量的"鱼",对体质强的可以不捕他,这样,就可以避免体弱的"吃不消",体强的"吃不饱"的现象。

第二,注意动作的发展。在游戏进行中,幼儿往往被游戏的内容、情节或比赛的胜负所吸引,而忽略了动作的正确姿势,教师应对幼儿采取有效措施或补充一些必要的规定来限制错误动作。例如,某幼儿园教师让幼儿头顶着沙包在平衡木上走,且提出了三个要求:① 复习走平衡木的动作,上体正直,不低头,走得要平稳;② 沙包如果掉下来,必须捡起顶在头上,从掉下来的地方接着走;③ 先做完的组为胜利者。幼儿为了快,顾不得上体的姿势,稍一低头沙包就掉下来。教师重新组织了游戏,要求这次比赛不比快,只比哪队掉包的次数少,结果,幼儿较好地完成了前两个要求,达到了巩固和提高走平衡木的教学目的。

幼儿在游戏进行中出现错误动作时,教师可以用简短的语言提醒幼儿注意,但不要经常让幼儿立即停止游戏,纠正动作。最好是在游戏间歇时,教师指出错误动作,强调正确姿势。还可以让做得好的幼儿示范表演,这样既不破坏游戏进行的情绪,又能巩固做得好的幼儿的动作,还能让大家向他学习。

第三,注意培养幼儿遵守规则,重视品德教育。通过游戏培养幼儿集体主义精神,使他们学会控制自己的行为,培养遵守纪律等优良品德,让幼儿遵守规则,必须使幼儿了解规则,自觉自愿地遵守规则,而不是消极地被规则所限制。如进行"捕鱼"的游戏,让幼儿在指定的大圆圈里四散跑,教师就可以向幼儿说明,这个大圆圈是"鱼池",鱼离不开水,如果跑出圆圈就算被捉到了。这样讲解幼儿就容易理解和遵守规则。在游戏中如果出现了违反规则的现象,教师一定要分清原因,有针对性地进行教育。小班幼儿的理解力、记忆力和控制自己的能力比较差,尤其在学习新游戏时,要求他们严格地执行规则是有困难的,所以教师最初不宜过于严格地要求他们,应循序渐进地逐步提高要求。中、大班幼儿如果是为了比赛的胜负而忽略了规则,教师就应在比赛中及时提醒,在游戏结束时评议执行规则的情况,在下次玩之前进一步明确规则要求。

第四,注重安全问题。在游戏过程中,教师还要把幼儿的安全问题重视起来。由于幼儿体力较弱,身体的灵活性、协调性以及独立活动能力差,易兴奋,自我保护能力较低,缺少安全卫生知识,因此在活动量较大、动作较难、组织纪律不好、场地不平整或上器械练习时都易发生伤害事故。教师在组织体育游戏时要严谨,消除一切不安全的因素。

4)游戏结束。

提前或延迟结束游戏,其效果都不好,因而在幼儿感到满足并还有余兴的情况下,是游戏结束的最好时机。结束活动主要有三项内容:① 整理活动。激烈的游戏结束后要做整理活动,使幼儿身体和情绪逐渐恢复平静;② 讲评。一是对幼儿在游戏活动中表现的评议,应以表扬优点为主,表扬要具体、准确,对个别表现较差的幼儿不要当众训斥和恐吓,要在游戏后做细致的教育工作;二是教师对游戏效果和指导工作的自我评议,要从游戏的全面任务完成情况来讲评教育效果,不能单纯看锻炼效果和情绪负荷;③ 组织部分幼儿帮助教师收拾、整理场地与器材。

3. 幼儿体育游戏的创编

1)幼儿体育游戏创编主要遵循以下原则。

(1)灵巧性原则。幼儿的走、跑、跳、投、爬等基本动作已基本形成,但动作的准确性、协调性还比较差,在体育游戏的设计中要多安排或穿插进行有益于发展幼儿灵活应变能力、精确能力、协调能力的游戏内容,如"老鹰捉小鸡"游戏中的躲闪动作;用拍皮球进行计时赛;用球拍端乒乓球过独木桥等。

(2)趣味性原则。体育游戏的趣味性,是体育游戏具有生命力的重要因素。因此,应选择幼儿熟悉和喜爱的角色,安排简单有趣的情节,使孩子对体育游戏十分感兴趣。教师要不断地收集体育游戏素材,积累创编和运用体育游戏的经验,通过各种角色的吸引、运动器械的创新和多变,以及游戏方法和规则的推陈出新,创编出丰富多彩、新颖有趣的体育游戏。

(3)智慧性原则。教师在设计体育游戏的过程中,应该在规则允许的范围内尽可能多地留有完成游戏的多种方法的选择余地,这样就能不断地拓展幼儿的想象空间和创造空间,提高他们的智力水平。如果一种体育游戏只有一种完成方法,就很难说它是好的体育游戏,同样是"穿山洞""过障碍""走下坡",就应该有不同的"穿"法、"过"法和"走"法。这正是优秀体育游戏的价值所在。

(4)教育性原则。体育游戏的教育性原则主要体现在培养幼儿自信、自强的品质和团结友爱的集体主义精神及优良道德风貌的塑造上。一个好的体育游戏应该既能表现个人价值,又能体现集体力量。因此,在设计体育游戏时,教师应有意识地把个人项目与集体项目有机结合在一起,既不搞单一的个人项目的游戏,也不搞纯粹的集体项目游戏;也就是说,所有表现个人技能的游戏最好都用组队的方式来进行。使幼儿在获得成就感(或产生失落感)的同时又能体会到集体的温暖和强大,感受到团结协作的重要性等,以利于互助观念和集体荣誉感的形成。

(5)安全性原则。由于幼儿控制自己行为的能力较弱,教师也无法完全事先预料游戏过程中会发生什么事情。为确保安全,必须在所有游戏道具的使用和场地布置上考虑周全。比如,整个的游戏空间、场所、环境没有任何尖锐的棱角和坚硬的器具,不会产生撞击情况,不会因摔跤而造成伤害等。这就要求游戏应在有草坪、有木地板或地毯覆盖的平面上进行;应采用质地轻柔、棱角圆滑的木材或塑料、橡胶、泡沫、海绵等制作的器材作游戏的道具;游戏材料的立体高度不能太高,坡度不能太陡,诸如"平衡木""跷跷板"之类的安装设计高度离开地面二三十厘米即可。

2) 幼儿体育游戏创编的主要方法如下。

(1) 制定目标。制定游戏目标,是幼儿体育游戏创编最重要的一环。制定目标,首先必须从幼儿已有的水平出发,最终促进幼儿达到新的发展水平。其次,目标必须明确而具体,从发展幼儿哪些基本活动能力和哪些身体素质,培养幼儿哪些能力和良好的个性品质等几个方面来选择确定,避免单纯以身体发展为唯一目标,以及太抽象、太笼统、不具体、不切实际的要求。

(2) 选择内容。幼儿体育游戏主要是以身体活动为主要内容。它包括:走、跑、跳、投、钻、爬、攀登等基本动作;利用各种球、绳、圈、棍、沙包、攀登架等大、中、小型运动器械的体育游戏活动;利用水、土、沙子、石头、冰雪、山坡、田野等大自然环境的各种体育游戏活动;各种民族、民间地域性体育游戏活动。

(3) 确定设计方法。幼儿体育游戏设计可以从角色、情节入手,结合游戏名称、活动方式、动作过程、规则、结果等。

角色是幼儿体育游戏中不可缺少的重要部分。在比较简单的幼儿体育游戏中,可以只设计一个角色;在较复杂的体育游戏中,也可选择多个角色。角色安排方面,可以设计同一角色或不同角色共同完成一个任务,也可以选择不同角色相互对抗。

情节可以以幼儿熟悉的生活为题材,也可以用电视、电影、报刊中的童话故事为题材,还可以以成人的各种活动为题材。另外,部分体育游戏没有复杂的情节,甚至没有任何情节。

游戏名称应该生动、直观、形象,符合幼儿认知水平,并具有体育特征。

游戏方法是游戏过程中的主要部分,游戏应该集合成什么队形、分成多少人一队、开展游戏的具体方法和结果以及游戏的开始到结束的顺序等,都要表述完整。

游戏规则应力求简单、具体、明确,有利于游戏的开展与进行。它随着年龄及动作要求的变化而变化,具有很大的可变性和灵活性。

(4) 游戏的基本格式要求。包括:游戏的名称;适用于哪个年龄阶段的幼儿;游戏的目标;游戏的准备(包括场地、器材、能力基础);游戏的方法;游戏的规则;注意事项及活动建议;场地示意图。

4. 传统与现代体育游戏案例

(1) 游戏:翻饼(炒黄豆)(中班)

目的:

练习钻的动作;发展协调能力。

玩法:

两个幼儿相对站立手拉手,左右摇动,同时念儿歌:"翻饼、烙饼,油炸馅饼。"或念:"炒、炒、炒黄豆,炒好黄豆翻跟斗。"念完后立即高举一手,两人的头向里钻,同时转体360度(转体时要钻过举起的手,相背时两手高低交换)。

建议:

儿歌内容可根据当地习惯自选自编。

(2) 游戏:秋风和树叶(小、中班)

目的:

① 练习走跑交替,能按照一定的信号和要求来做动作,提高控制身体平衡的能力。

② 学习用身体动作来模仿和表现风吹动树叶的情景,激发想象力。

准备:

铃鼓一个。

玩法:

① 教师讲述一个情节,请幼儿用动作表示自己的感受。如"秋天到了,凉爽的秋风吹动小树,小树会怎么样?"让幼儿回答,并用动作来表现。比如模仿小树摇晃、树叶轻轻飘落等。

② 游戏"秋风和树叶"。教师扮"秋风",幼儿扮"树叶"。听"秋风"发出各种信号(用铃鼓表示),

"树叶"做相应的动作。教师手摇铃鼓说："起风了。"幼儿在场地上自由行走（注意不要互相碰撞）。教师说："刮大风了。"同时快速摇动铃鼓，幼儿在场地上自由地跑。教师说："风小了。"幼儿慢走或慢跑。教师说："刮旋风了。"幼儿原地转圈。教师说："风停了。"幼儿原地站住，然后慢慢地蹲下来。教师扮成拾落叶的人，用手轻拍"树叶"。被拍到的"树叶"要轻轻地站起来走到教师身后，跟着教师走。最后，教师把"树叶"带走，活动结束。

建议：

① 教师应根据幼儿活动的实际情况控制活动量，注意幼儿走、跑的交替及节奏快慢的变换。

② 若有条件，可以播放一些有快慢节奏、旋律优美的音乐，用以表示风大或风小。让幼儿随着音乐的旋律，根据想象表现出树叶的活动或动作。

（3）游戏：多变的棉棍（小、中班）

目的：

① 发展幼儿走、跑的能力，增强腿部力量。

② 培养幼儿动作的灵敏性和协调性。

准备：

花布制棉棍，直径为7—8厘米，长为1米左右，内塞高弹棉，两端缝上粘刺布，数量与幼儿人数相等。

玩法：

① "田鼠咬尾巴"，幼儿将棉棍一端塞进后裤腰，露出大半截当作"田鼠尾巴"，后一个幼儿抓住前一个幼儿的"尾巴"，学习一个跟着一个走，边走边念儿歌："小小田鼠走走走，一个跟着一个走，不掉队呀不落后。"然后，幼儿两人一组，互相追逐跑，后一个幼儿用脚踩前一个幼儿的"尾巴"，踩中后相互交换。

② 捉"田鼠"，幼儿站在直径为5米左右的圈内。游戏开始，老师打扮成"农民"，幼儿扮"田鼠"，在"田野"里四散跑，"田鼠"若被"农民"捉到尾巴，必须站在圈上。

③ 套一套，将棉棍两端粘在一起变成圈状，幼儿将圈向上抛起，让圈从头上套进；也可以双手并拢举起，从手上套进，或两位幼儿互相抛、套。

④ 跳一跳，幼儿将圈放在地上，单人玩可单、双脚跳进、跳出或跳过圈，多人结伴可向前行进跳、单双脚交替行进跳、跨跳等。

规则：

① 学习一个跟着一个走时，幼儿双手不能松开，但也不能拉出"尾巴"。

② 捉田鼠时，被捉到的幼儿要站在圈上，不能再在圈内奔跑，游戏重新开始时再站进圈内。

建议：

① 棉棍尽量用柔软的彩色尼龙布或薄绒布制作，内塞高弹腈纶棉，使棉棍手感柔软，变形自如，便于洗涤。

② 捉田鼠游戏时，幼儿不宜过多，以免奔跑时碰撞。

③ 棉棍变形简单，还原自如而玩法多样，教师要积极启发幼儿自己创新玩法，增加活动的兴趣。

（4）游戏：好玩的报纸（中班）

目的：

① 喜欢用报纸探索进行多种游戏，有创造游戏玩法的兴趣。

② 能四肢协调灵活地进行走、跑、跳、投、钻、平衡等各种基本活动。

③ 培养活泼开朗的良好性格。

准备：

废旧报纸。

玩法：

① 过独木桥：把折叠成宽20厘米左右的报纸接在一起，形成独木桥，幼儿在独木桥中间走，踩

边、出边为落河。

② 跳报纸。

跳远:以报纸的长或宽为距离,把报纸有间隔地平放在地上,幼儿双脚并齐从上连续跳过去。

跳高:两名幼儿为一对,分别手拿报纸的一角,使报纸立起来,形成一定高度的一队,其他幼儿从上面连续跳过去。

跨小河:把报纸摆成宽40厘米左右的平行线作为小河,幼儿从上面跨跳过去。

③ 钻山洞:两名幼儿为一对,分别手拿报纸的两角,形成一定高度的山洞,幼儿可从下面钻过去或爬过去。

④ 走钢丝:把报纸撕成窄条连接起来为钢丝,幼儿踩窄条向前行进。

⑤ 报纸放在前面,再迈到或跳到前面的报纸上,然后移动后面的报纸放在前面,反复行进到终点。

⑥ 投篮:把报纸团成球,场地中间放一篮筐,幼儿围成圆圈,向篮筐中投纸球,看谁投得准。

⑦ 打雪仗:幼儿每人一纸球当雪球,可以互相投掷胸部以下部位,看谁投得准,躲得快。

⑧ 推球走:把报纸卷成纸棒,用纸棒推着纸球向前走,看谁先到达终点。

⑨ 立棒比赛:把报纸卷成纸棒,立于手心之上,努力保持平衡,看谁的纸棒立的时间最长。

⑩ 击剑:用报纸卷成的纸棒可以当枪、当剑,玩打仗、击剑的游戏。

⑪ 小足球运动员:把报纸团成球当足球,幼儿可踢球向前行进或踢球绕过障碍物快跑,还可用脚踢球练习射门。

⑫ 抛球拍手:幼儿用力将纸球向上抛,同时拍手,纸球落下时立即接住,看谁拍手的次数多。

建议:

废旧报纸的玩法还很多,教师可启发幼儿自己想办法玩,谁有了新的玩法,便组织其他幼儿学习模仿,激发幼儿创造游戏新玩法的兴趣。

活动设计

体育游戏"小鸡捉虫"(小班)

活动目标

1.掌握钻的动作要领,会低头、弯腰、屈膝正面钻过小篱笆。

2.不怕困难,能灵活协调地钻过不同高度的篱笆。

3.主动参与游戏,体验"小鸡捉虫"的成功感。

活动准备

1.物质准备:橡皮筋拉成的"小篱笆"、大虫子若干,小筐子一个。音乐《小鸡出壳》《宝贝的歌》。

2.知识准备:课前区分钻和爬的不同;丰富"小鸡出壳"和"捉虫"的经验。

活动过程

1.以"小鸡出壳"导入,进行热身活动,引发幼儿兴趣。

(1)教师扮"鸡妈妈",生下"蛋宝宝",进入游戏情境。

(2)随音乐《小鸡出壳》做热身活动,主要活动上肢、腰部和腿部,为正面钻做铺垫。

2.通过游戏"小鸡学本领",引导幼儿学习正面钻的动作,掌握正面钻的要领。

(1)游戏"鸡宝宝藏肚肚"。重心前置,学习低头—弯腰—屈膝,为学习正面钻做准备。

幼儿自主探究、尝试,提问:看谁能把自己的小肚肚藏起来?

小结:腿弯弯—腰弯弯—低下头儿,藏肚肚。

(2)游戏"鸡宝宝钻篱笆"。自主探究钻过"小篱笆",学习正面钻。

提问:鸡宝宝长大了,我们要自己到篱笆外找虫子吃了,怎样钻到篱笆外面去呢?

要求:从小篱笆下钻过,身体不碰到小篱笆,手不能扶地。

幼儿分享钻的经验,并请个别能力强的幼儿示范。

教师与幼儿共同总结出正面钻动作要领:"腿弯弯,腰弯弯,低着头儿,钻钻钻。"

(3)巩固练习正面钻,进一步掌握动作要领。

① 教师示范动作。

② 降低篱笆高度,幼儿自主练习动作。

3. 组织游戏"小鸡捉虫",幼儿综合练习正面钻、快跑等动作,体验捉到虫子的成功感。

(1)第一次游戏——"帮萝卜宝宝捉青虫",熟悉玩法规则,巩固正面钻、快速跑的动作。

教师讲解玩法及规则:跑过草地,钻过小篱笆,到萝卜地捉一只大虫子,快速跑回。

请一名幼儿示范,其他幼儿进一步明确游戏的玩法及规则。

(2)第二次游戏——"帮大白菜宝宝捉虫",降低篱笆高度,提高正面钻的难度。

教师导语:篱笆变矮了,我们再过去的时候,一定要把身体弯得更低。

(3)第三次游戏——"帮胡萝卜宝宝捉青虫",增加篱笆数量,激发幼儿的挑战欲望。

① 教师导语:胡萝卜宝宝家的篱笆更多,咱们怎么办?

② 同时出示两组高度不同的篱笆,请幼儿自主选择,尝试挑战钻过不同高度的篱笆。

在游戏过程中,根据幼儿游戏情况,教师及时纠正动作,使幼儿体验到帮蔬菜宝宝捉虫子的成功感。

4. 创设"小鸡梳理羽毛和睡觉"的动作情境,引导幼儿创造性地放松身体,感受游戏乐趣。

(1)随音乐《宝贝的歌》做胳膊、腰、腿等部位的放松动作。

(2)随音乐模仿小鸡睡觉的动作。

活动评析

一是情境体验贯穿活动始终。本活动一开始教师便利用"鸡妈妈生了蛋宝宝,蛋宝宝孵出小鸡"这样一个情境进行热身活动,很好地激发出孩子的兴趣,然后又以"鸡宝宝藏肚肚""鸡宝宝钻篱笆""小鸡捉虫""小鸡梳理羽毛和睡觉"等一个个前后呼应、环环紧扣的游戏情境,由易到难地开展锻炼活动,趣味性强,幼儿乐于投入其中。

二是引导自主探究,注重个体差异。活动中注重幼儿的自主探索。如在"小鸡学本领"环节中,教师引导幼儿自主探究用正面钻的方法钻过障碍;在"小鸡捉虫"的环节中,根据不同能力的幼儿依次提供了两组不同高度的"篱笆",鼓励幼儿不怕困难,勇于挑战,巩固正面钻的动作要领。活动中既有个别自由探索活动又有集体游戏活动,既满足了幼儿的个体差异,又使幼儿在反复练习中不觉枯燥乏味,正面钻的能力得到了提高,充分体现了幼儿是活动的主体。

活动设计

游戏"小老鼠上灯台"(小小班)

活动目标

1. 练习双脚跳的基本动作。

2. 培养幼儿四散跑及反应的灵敏性。

活动准备

硬纸板制成的大圆片若干,老鼠头饰若干。

活动过程

1. 教师带幼儿拍手念儿歌《小老鼠上灯台》:小老鼠,上灯台,偷油吃,下不来,叽里咕噜滚下来。

2. 教师带幼儿边念儿歌边走。儿歌停下师幼站住。

3. 游戏:

(1) 教师撒圆纸板,幼儿跑到纸板前跳上站住。

(2) 教师带幼儿边念儿歌边走,当教师撒圆纸板时,幼儿快跑跳到圆纸板上。

(3) 游戏反复进行。

活动评析

1. 此活动内容取材于民间童谣,该童谣简单易于上口,加之此童谣诙谐,孩子们非常感兴趣。

2. 该游戏属于原创游戏,设计者在充分考虑小小班幼儿年龄特点的基础上,循序渐进地增加动作及活动目标的难度,有利于促进幼儿在原有基础上的发展。

(三) 基本体操

1. 幼儿体操的内容与特点

幼儿体操包括幼儿操和排队、变换队形两部分。

(1) 幼儿操。

幼儿操可分为模仿操、徒手体操、轻器械体操等不同类别。

模仿操是将日常生活中常见到的各种活动、成人的劳动、自然界的各种现象、动物的动作与姿态,或是军事训练中的动作等挑选出来,编成很形象的体操动作,让幼儿进行模仿练习,有目的、有针对性地促进幼儿身体的发展。它适合于年龄较小的幼儿做,而且深受幼儿的喜爱。

模仿操又可分为动物模仿操、游戏模仿操、运动模仿操、生活模仿操、劳动模仿操、军事模仿操等。如模仿拍皮球、洗手绢的动作,模仿摘苹果、射击的动作,模仿太阳高照、刮大风的自然现象,模仿小兔跳、小鸟飞、大象走的动作等。模仿操的特点是:形象性强,常常与儿歌相配合,幼儿容易理解和记忆;对动作准确性的要求不高,只要模仿得像即可,幼儿容易学会和掌握;形式和内容丰富多样,自由活泼,幼儿可以自由发挥。

徒手体操是指幼儿通过头颈、上肢、下肢、躯干等部位的协调配合,根据人体各部位运动的特点,按照一定的程序,有目的、有节奏地进行各种举、振、屈与伸、转、绕与绕环、蹲、跳跃等一系列单一或组合动作的身体练习。徒手体操可分为徒手操、拍手操、健美操、韵律操、武术操等。徒手体操的特点是:身体姿势端正,队列排得较整齐;做操动作的方向和角度要基本保持集体的一致;动作要有节奏、要合拍,并要尽可能正确和准确等。

徒手体操的基本动作如下:

① 头颈动作。

屈:前屈、后屈、侧屈;

转:左转、右转;

绕环:左、右绕环。

② 上肢动作。

举:平举(前平举、侧平举)、上举(侧上举、前斜上举)、侧下举、后举;

振:(以肩为轴,臂做弹性动作)平振、上振、下振、后振;屈、伸;

绕环：向前绕环、向后绕环、向左绕环、向右绕环、等于或大于360度以上的绕环。

③ 躯干动作。

屈：前屈、后屈、侧屈（左、右侧屈）；

转：左转、右转；

绕环：向左、向右绕环。

④ 下肢动作。

蹲：全蹲、半蹲；

踢腿：向前踢、向后踢、向侧踢；

弓步：前弓步、侧弓步。

⑤ 跳跃动作。

有双足跳、单足跳、左右开合跳、前后开合跳、交换跳等。

轻器械体操，是指在幼儿徒手操的基础上，手持较轻的器械所做的各种体操动作。轻器械操除了具有徒手体操的动作要求以外，还需要根据所持器械的特点，做一些特殊的体操动作，如哑铃操需做各种击铃动作，小旗操需做刚劲有力的挥臂动作，铃鼓操需做拍鼓、摇铃的动作，球操需做托球、举球的动作等。轻器械体操，可分为手持轻器械的体操和辅助轻器械体操。

幼儿常做的手持轻器械体操有哑铃操、小旗操、手铃操、球操、铃鼓操、圈操、棍棒操、花操、彩带操等。也可以利用一些废旧物品或生活用品来做操，如易拉罐操、纸棒（板）操、树叶操、手绢操、扇操、泡沫板操、救生圈操、皮筋操、筷子操等。

辅助轻器械体操有竹竿操、椅子操、垫子操等。

轻器械体操的特点是：提高了动作的难度，加大了体操的运动量；具有色彩、声响及动作的多变性，易激发幼儿兴趣；培养幼儿愉快的情绪。

各年龄班幼儿体操的特点及教学要求如下：

小班：以模仿操为主，每套操4—6节，每节四四拍或二八拍，节奏较慢，活动量较小；学习一两套徒手操过渡。

中班：以徒手操为主，学习简单的轻器械操，动作有一定的难度；每套操7—8节，每节二八拍，节奏有快有慢，活动量比小班增大。

大班：以徒手操为主，学习较难一些的轻器械操，可适当增加一些韵律操和辅助器械操等；动作变化较多，动作难度较大；每套操8—9节，每节两个或四个八拍，节奏变化较多，快慢相间，活动量较大。

幼儿体操的教学建议如下：

① 把生动形象的讲解和示范结合。

教师的示范动作要正确、优美；讲解要形象生动、有趣；注意示范的位置和方向，以每个孩子能看见为原则，动作示范方向主要是镜面示范，辅以其他方位的示范。冬天，让孩子背风；夏天，让孩子背阳。

② 重视培养幼儿做操时身体的正确姿势，以及做动作的力度。

首先要抓好动作的部位、路线和幅度，逐渐要求部位准、路线对、有一定的幅度。

③ 教师要随机予以指导，用口头提示和具体帮助的方法及时纠正其错误动作。

④ 学会正常的呼吸。

上走吸气，下走呼气，不让孩子憋气，一般是臂举起，扩胸，展体时吸气，臂落下，含胸，体前屈时呼气。

⑤ 操节在一定时期要更换，以激发幼儿做操的兴趣。

（2）排队和变换队形。

排队和变换队形，也称基本队列队形练习。它是指全体幼儿按照统一口令，站成一定的队形做协调一致的动作。

各年龄班幼儿排队和变换队形能力的发展有所不同（表5-1）。

表 5-1　各年龄班排队和变换队形的内容

内　容	小　班	中　班	大　班
排　队	稍息,立正,看齐(向前看齐,两臂放下),齐步走,跑步走,立定	在小班基础上,增加了原地踏步、跑步走	在中班基础上,增加了向左(右)转,便步走,左(右)转弯走
变换队形	一个跟一个走圆圈	听口令切段分队走	听口令左右转弯分队走,螺旋走,蛇形走,开花走等

小班幼儿很多是初次过集体生活,还没有形成集体意识,不习惯集体生活,不懂得排队,更不理解队形变换。练习排队时,往往都愿意站在前面当排头或争着站在老师身边,前后左右的位置有时搞不清楚。经过练习能在老师的引导下转向、移动和停止,但在排队时不能很好地把注意力集中在听口令、做动作上。到小班后期能够听口令做一些简单的动作,初步掌握一路纵队走成圆形队,但幼儿的注意力易分散,他们的方向、位置和距离等空间知觉发展不好,以致不易保持队形,需要老师经常提醒。

中班幼儿已逐渐习惯于集体生活,他们的空间知觉有了明显的发展,能够听从口令做一些基本的排队和队形变换(如切段分队)。

大班幼儿能以自身为标准辨别左右,并能掌握一些较复杂的队形变换(如左右分队)。

各年龄班排队和变换队形的要求为:小班学习听口令;中班学会听口令;大班能掌握一些较复杂的队形变换。

排队和变换队形的教学建议如下:

① 增加教学中的兴趣性,约束要适当,练习不宜过多;

② 排队和变队形重点放在辨别和识别空间方位上;

③ 排队和变队形与日常的各种活动结合起来;

④ 采用领做法(由教师领或能力强的孩子领做);

⑤ 教师必须正确地运用口令。

正确运用口令包括:口令要清楚,声音要洪亮;分清预令和动令;预令要长,动令要短而有力。如"齐步——走","齐步"是预令,"走"是动令。无预令时,可以用语音提示,口令要规范。

2.幼儿体操的创编

(1)选择和创编幼儿体操的基本要求。

① 符合幼儿的年龄特点。幼儿体操的动作应简单易做,活泼欢快,可将反映幼儿年龄特点的点头、拍手、跳跃等动作融到操节之中。器材要选择幼儿熟悉和容易使用的,特别是有声响、能敲击、摇晃、挥动出不同节奏的器材,音乐也要选择孩子熟悉、理解和节奏明快的乐曲或歌曲。要避免动作、队形、音乐、器材上的成人化。

② 要注意幼儿身体的全面锻炼与发展。一套较好的幼儿体操动作,应该能全面地锻炼幼儿的身体,因而,要将幼儿身体各部位(如头颈、四肢、躯干等)的动作有机地组合起来,锻炼幼儿的肌肉、骨骼、关节、韧带,使幼儿动作的灵敏性、平衡能力、柔韧性和协调性得到全面协调的发展。

③ 合理安排动作程序及活动量。编排成套的幼儿体操动作的程序是:上肢或四肢伸展的动作——扩胸、转体的动作——腹背的动作——下肢及全身的动作——放松、整理的动作。其动作的速度应由慢到快,再由快到慢。整套动作的活动量也应由小到大,再由大到小。

④ 注重兴趣性,要有美感。所选编的幼儿体操的动作、配乐、儿歌、器械应是幼儿感兴趣的、爱做、爱听、爱看的;一套体操设计得再合理,如果动作不能引起幼儿兴趣,他们就不爱做,勉强去做他们也会"身在心不在""出操不出力",锻炼效果差。所选编的动作、配乐、器械、儿歌还应符合审美要求,

使幼儿能感受到美,有利于幼儿健美体态的形成和审美意识的发展。

(2)创编幼儿体操的步骤与方法。

① 确定目的。编操要有明确的目的。明确完成什么任务,给什么年龄的幼儿编,他们做操能力和身体发展怎样,什么场合用,是早操、准备活动还是节日表演使用。凡是体育课的准备活动就要注意与课的内容配合,并可选一些诱导性的动作,若是节日表演的操就要考虑表演效果。

② 选择操型,确定风格。首先要选择什么类型的操,是徒手体操还是轻器械操;如果选定轻器械操则要进一步确定用什么器械。操型选定之后还应确定操的风格,是欢快活泼的,还是平稳流畅的;是刚劲有力的,还是柔和优美的;是突出民族风格的模仿操,还是融有现代舞动作的健美操。

③ 确定操的名称、内容和节数,设计动作。确定操的名称、节数、内容、顺序,每节操的组合数和节拍数,再逐节设计。

设计动作是主体工作,设计每节操首先要设计好主要动作的性质、幅度、方位、路线、速度、数量。如设计体前屈运动时先要确定是弹性屈伸,还只是屈;要确定屈的次数、幅度和力度,还要考虑是单纯的体前屈,还是与转体动作组合。一节操应保证主要动作的次数,协同和支撑动作应有利于加大主要动作的幅度与力度,提高锻炼效果。处理好主次关系是编操的重要问题,目前编操中不突出主要动作是一个普遍的问题。

设计动作时要注意发挥和发展肌肉的弹性。适当加"花"。如安排一些击响动作或呼声以振奋精神、活跃气氛和加强动作力度;或增加一些模仿动作或造型以激发兴趣、增强美感、丰富动作内容。如模仿"小猫"理胡须动作时,可发出"喵!喵!"的声音;模仿划船动作时,可大声说"摇呀摇!"做扩胸动作时,可发出"嘿!嘿!"的声音等。适当采用"换位"和变单人动作为双人动作等方法以丰富动作素材、加大负荷,提高动作的兴趣性。

设计器械操动作时要充分发挥器械的功能特点,不要把它编成持器械做体操基本动作。如设计竹竿操时要发挥它的丰富动作和模仿功能;可用竹竿模仿划船、举重、舞棍、耍枪;模仿竹竿舞中的击竿、跳竿等动作。又如,"可乐罐"操,可将敲击、摇晃、抖动等动作渗透到每一节操中。

④ 编写、选择儿歌或配乐。选择各种幼儿所熟悉的儿歌或音乐。用现成的歌曲作配乐时,无论是先找歌曲还是先设计动作,歌曲的速度和节奏都应与动作一致,曲调应与动作的风格一致。配乐还应符合幼儿的审美趣味与审美能力。最好是自己创编配乐。

⑤ 绘图,撰写说明,总结经验。

3. **基本体操活动案例**

小动物模仿操(小班)

视频演示

预备姿势:	原地自然站立(图5-1)。
小蝴蝶 穿花衣,	两臂体侧上下摆动似蝴蝶飞数次,同时两脚碎步跑(图5-2)。
小蝴蝶 穿花衣,	重复做。两脚可向左右前后自由碎步跑。
跳起舞 真美丽。	
胖小熊 学走路,	两手提腕于胸前,两脚呈外八字形。两膝稍屈似小熊状(图5-3)。两脚原地踏步8次,似小熊走路(图5-4)。

图5-1

图5-2

图5-3

图5-4

慢吞吞　真有趣。	
胖小熊　学走路,	重复做。两脚可左右前后自由走。
慢吞吞　真有趣。	
小鸭子　水中游,	两臂胸前平屈(掌心向下),经前伸向两侧做划水状,同时头自然摆(图5-5)。
捉小鱼　呷呷呷。	两手上下重叠放于嘴前做鸭嘴,同时学鸭叫两声(图5-6)。
小鸭子　水中游,	重复做一遍。
捉小鱼　呷呷呷。	
小青蛙	两臂肩侧屈,五指张开,掌心向前,两腿屈膝半蹲,似青蛙(图5-7)。
呱呱呱,	两臂侧上举,五指张开,掌心向前,两腿屈伸一次。同时学青蛙叫声(图5-8)。

图5-5　　　　　图5-6　　　　　图5-7　　　　　图5-8

蹬蹬腿	身体重心移至右腿,左脚左侧蹬伸两次。同时两臂肩侧屈伸至侧上举两次,五指张开(图5-9)。
乐哈哈。	同"蹬蹬腿",两脚交换做(图5-10)。
小青蛙　呱呱呱,	重复做一遍。
蹬蹬腿　乐哈哈。	
小猴子	左手叉腰,右臂屈肘,手放于右面前上方,做招手动作两次(图5-11)。
真淘气,	动作同前,方向相反(图5-12)。

图5-9　　　　　图5-10　　　　　图5-11　　　　　图5-12

东瞧瞧	两腿屈膝,同时上体左转,右手掌心向右于左额前做张望状,左手叉腰(图5-13)。
西望望。	动作同"东瞧瞧",方向相反(图5-14)。
小猴子　真淘气,	重复做一遍。
东瞧瞧　西望望。	
小花猫	两臂胸前平屈,提肋,手指张开,对于嘴前,似小猫(图5-15)。
喵喵喵,	两臂扩胸两次,模仿小猫叫两声。
捉老鼠	两臂由胸前屈肘向前伸展,并五指抓拢,似捉老鼠状两次(图5-16)。

图 5-13

图 5-14

图 5-15

图 5-16

本领大。	重复动作"捉老鼠"。
小花猫　喵喵喵，	重复做一遍。
捉老鼠　本领大。	
象哥哥	两手十指交叉相握，上体前屈（图 5-17）。
鼻子长。	两臂经前伸收于胸前屈肘，同时上体抬起，两腿屈膝半蹲（图 5-18）。
喷水洗澡	两臂向前上方伸展一次，同时两腿直立（图 5-19）。
凉又凉。	重复"喷水洗澡"动作一遍。
象哥哥　鼻子长。	重复动作一遍。
喷水洗澡　凉又凉。	
小白兔　白又白，	两手中食指并拢竖于头顶两侧似兔子耳朵，同时头左右摆动数次（图 5-20）。

图 5-17

图 5-18

图 5-19

图 5-20

图 5-21

蹦蹦跳跳真可爱。	两脚原地跳数次（图 5-21）。
小白兔　白又白，	重复做一遍。
蹦蹦跳跳真可爱。	

易拉罐操（中班）

视频演示

预备姿势：两手握易拉罐于体侧呈直立。

第一节　伸展运动

第一个八拍：

（1）—（2）两臂侧平举，同时左脚侧出一步。

（3）—（4）两臂上举，击易拉罐两次。抬头看手。

（5）—（6）同动作（1）—（2）。

（7）—（8）还原成预备姿势。

第二个八拍：

动作同第一个八拍,换右脚侧出一步。

第三、四个八拍重复第一、二个八拍。

图 5-22　预备　　　图 5-23　(1)—(2)　　　图 5-24　(3)—(4)　　　图 5-25　(5)—(6)　　　图 5-26　(7)—(8)

第二节　下蹲运动

四个八拍动作相同:

(1)—(2) 两臂侧平举。

(3)—(4) 两腿屈膝半蹲,同时两臂前平举击易拉罐两次。

(5)—(6) 还原成(1)—(2)。

(7)—(8) 还原成预备姿势。

图 5-27　(1)—(2)　　　图 5-28　(3)—(4)　　　图 5-29　(5)—(6)　　　图 5-30　(7)—(8)

第三节　扩胸运动

第一个八拍:

(1)—(2) 左脚向侧前跨成弓步,同时两臂前平举。

(3)—(4) 击罐两次。

(5)—(6) 两臂胸前平屈,扩胸后击易拉罐一次。

(7)—(8) 左脚收回并于右脚,还原成预备姿势。

第二个八拍:

动作同第一个八拍,脚的方向相反。

第三、四个八拍重复第一、二个八拍。

图 5-31　(1)—(2)　　　图 5-32　(3)—(4)　　　图 5-33　(5)—(6)　　　图 5-34　(7)—(8)

间奏：

第一个八拍：

（1）—（8）第一纵队两臂上举，晃动易拉罐。第二纵队全蹲，同时两手握易拉罐击地数次。

第二个八拍：

动作同第一个八拍，两纵队动作相反。

 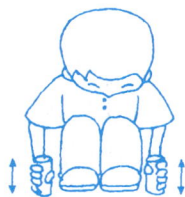

图 5-35 第一纵队　　　　　图 5-36 第二纵队

第四节 踢腿运动

第一个八拍：

（1）—（2）两臂侧平举，同时左脚后点地。

（3）两臂前平举，击易拉罐一次（拳心向下），同时左脚前踢一次，脚面绷直。

（4）还原成动作（1）—（2）。

（5）—（6）同动作（3）—（4）。

（7）—（8）还原成预备姿势。

第二个八拍：

动作同第一个八拍，换成右腿踢。

第三、四个八拍重复第一、二个八拍。

图 5-37 （1）—（2）　　图 5-38 （3）—（4）　　图 5-39 （5）—（6）　　图 5-40 （7）—（8）

第五节 体侧运动

第一个八拍：

（1）—（2）两臂侧平举，同时左脚侧出一步。

（3）—（4）两臂上举，击罐两次，同时上体左侧屈。

（5）—（6）同动作（1）—（2）。

（7）—（8）还原成预备姿势。

第二个八拍：

动作同第一个八拍，方向相反。

第三、四个八拍重复第一、二个八拍。

间奏：同前间奏动作。

图 5-41　(1)—(2)　　　图 5-42　(3)—(4)　　　图 5-43　(5)—(6)　　　图 5-44　(7)—(8)

第六节　体转运动

第一个八拍：

(1)—(2) 两臂侧平举,同时左脚侧出一步。

(3)—(4) 上体左转 90 度,同时两臂前平举击罐两次(手心向下)。

(5)—(6) 同动作(1)—(2)。

(7)—(8) 还原成预备姿势。

第二个八拍：

动作同第一个八拍,方向相反。

第三、四个八拍重复第一、二个八拍。

图 5-45　(1)—(2)　　　图 5-46　(3)—(4)　　　图 5-47　(5)—(6)　　　图 5-48　(7)—(8)

第七节　弓步运动

第一个八拍：

(1)—(4) 两臂前平举击罐两次(拳心向下)。

(5)—(8) 左臂斜上举,右臂斜下举,两手摆晃罐数次。同时左脚侧出一步,成弓步(一、二纵队动作方向可相反)。

第二个八拍：

(1)—(4) 左脚收回成并立,同时两臂前平举击罐两次。

(5)—(8) 动作同第一个八拍(5)—(8)。

图 5-49　(1)—(4)　　　　　　　图 5-50　(5)—(8)

第三、四个八拍重复第一、二个八拍。

第八节　腹背运动

第一个八拍：

(1)—(2) 两臂侧平举,同时左脚侧出一步。

(3)—(4) 上体前屈,同时两臂体前下垂,击罐两次。

(5)—(6) 同动作(1)—(2)。

(7)—(8) 还原成预备姿势。

第二个八拍：

动作同第一个八拍,换右脚做。

第三、四个八拍重复第一、二个八拍。

图 5-51　(1)—(2)　　　图 5-52　(3)—(4)　　　图 5-53　(5)—(6)　　　图 5-54　(7)—(8)

第九节　跳跃运动

第一个八拍：

(1)—(4) 两手胸前击罐四次,同时并腿向上跳四次。

(5) 两脚跳成左右开立,同时两臂侧平举。

(6) 两脚跳成并立,同时两臂放下。

(7)—(8) 同动作(5)—(6)。

第二、三、四个八拍重复第一个八拍。

器械制作和使用方法：

取露露罐或椰奶罐两个,内装适量的豆子(黄豆、绿豆、红豆),罐口处用胶带封住,双手握住罐的中部。

全套操节可配音乐《小松树》。

图 5-55　(1)—(4)　　　　　图 5-56　(5)　　　　　图 5-57　(6)

(四)器械活动

1. 幼儿体育运动器械的分类

(1) 固定性运动器械。

主要包括滑行类、摆动类、旋转类、颠簸类、攀登类、钻爬类、弹跳类等大中型运动器械。

① 滑行类:指顺着斜面由高处往下做滑行动作的运动设备,如各类滑梯、小滑板等。

② 摆动类:指悬挂在空中,可以做前后或左右摆动动作的运动设备,如秋千、浪船等。

③ 旋转类:指围绕着一个中心轴做旋转运动的设备,如转椅、宇宙飞船等。

④ 颠簸类:指用于做上下颠簸运动的设备,如摇马、跷跷板等。

⑤ 攀登类:指用手和脚做攀爬上升或登高的运动设备,如各类攀登架、攀网、肋木等。

⑥ 钻爬类:指用于做钻或爬的动作练习的运动设备,如铁架地道、海洋球池等。

⑦ 弹跳类:指专门用于做弹跳动作练习的运动设备,如蹦蹦床、充气城堡等。

(2) 中、小型可移动性运动器械。

该类运动器械主要是指一些能够搬动或可以移动的中、小型运动器械。主要包括平衡木(板或长凳子)、拱形门、投掷架、木制台阶、小梯子、垫子、小三轮车、脚踏车、摇摇车、小手推车、滑板车等等。

(3) 各种手持式小型体育活动器械,以及各种自制的体育活动器械。

主要包括各种大小球类(皮球、塑料球、气球、乒乓球、木制球、儿童羽毛球、儿童保龄球等)、棍棒、橡皮筋、跳绳、塑料圈(藤圈)、小哑铃、小凳子、小椅子、沙包、毽子、小高跷、小竹马、铁环、各种小飞镖、陀螺等。

2. 幼儿体育运动器械的作用

通过各种类型运动器械的游戏活动,能调动幼儿参加体育活动的积极性、主动性,逐步提高幼儿动作的灵敏性、协调性、稳定性,发展其肌肉力量和平衡能力,促进幼儿身体及各种身体机能能力的发展和提高;发展幼儿空间感觉、知觉及定位、定向的能力和判断能力;培养幼儿勇敢、顽强、不怕困难的意志品质和团结互助、遵守纪律的优良品德;培养幼儿活泼开朗、合群、乐观的良好性格;促进幼儿自我意识、独立生活和各种活动能力的发展与提高(图 5 - 58)。

图 5-58　器械活动照片

(五) 有关冰、雪、水等的活动

幼儿机体正处在生长发育的重要阶段,神经系统的调节机能不够完善,有机体对环境的适应能力较差,很容易因为自然因素的变化而影响身体健康。而自然界中的阳光、空气、水和冰雪的不断变化,随时会以不同的刺激作用于人体,只有坚持让幼儿经常经受各种不同刺激的作用,使其能随着这些自然因素的变化而改变自己的生理活动,以提高对自然环境变化的适应能力。幼儿园适时地对幼儿开展三浴及冰雪锻炼,不仅能促进幼儿的生长发育,提高健康水平,同时,还可以培养幼儿克服困难的勇气和坚强的意志品质。

冰雪天,可以组织幼儿玩滚雪球、堆雪人、打雪仗、踩雪印的游戏;有条件的幼儿园还可以组织幼儿滑冰。这是冬季组织幼儿充分利用自然环境条件进行身体锻炼的极好项目。

幼儿园为幼儿提供的玩水活动,包括徒手在水箱中玩水、运用各类用具(玩具)玩水和在水池中戏水;有条件的幼儿园应当组织幼儿游泳,充分利用水锻炼幼儿身体。

(六) 幼儿体育专项启蒙训练

有条件的幼儿园可以开展如游泳、武术、溜冰、乒乓球、滑板等专项体育启蒙训练。这些训练项目是以教练指导为主,教师指导为辅。

二、学前儿童体育活动常用的基本方法

(一)示范法

示范法是教师(或幼儿)以正确的动作为范例,使幼儿了解动作的形象、结构、要领等的一种方法。

由于幼儿以具体形象思维为主,认识和理解事物则更多地依赖于生动鲜明的形象,所以示范在幼儿体育教学中具有重要的地位。

根据不同的分类标准,示范可分为完整示范和分解示范;个人示范和集体示范;正面示范、侧面、镜面和背面示范;动作示范和活动方式示范等。教师应根据教学需要,采用适当的示范方式。在运用示范法时应注意以下四点。

1. 要有明确的目的性

教师每次示范,都应明确所要解决的问题,应根据教学任务和幼儿具体情况来考虑示范什么,怎么示范;让幼儿观察什么,怎么观察。如教新内容时,为了使幼儿建立完整的动作概念,需要用正常的速度做一次完整的示范;为了让幼儿看清动作的关键要领或某一环节,则可以做慢速的、静止的或局部的示范。有时可边示范边讲解,如示范从高处往下跳,是让幼儿看起跳,还是看落地;是看脚和腿,还是看上体和手臂;这些都必须向幼儿讲清楚;如果盲目示范,或示范次数太多,不仅缺乏教育意义,反而会分散幼儿的注意力。

2. 示范要正确,并力求轻松、优美、熟练

高质量的示范能使幼儿建立正确的动作形象,可以得到幼儿的赞扬和佩服,激发幼儿学习的积极性。尤其是第一次示范常会给幼儿留下深刻、鲜明的印象。因此,教师要努力做好示范。教师一般不宜模仿幼儿的错误动作,因为幼儿好奇、爱模仿,看了错误示范常会跟着学。有时可让动作做得好的幼儿出来示范,帮助幼儿树立起学习的信心。

3. 注意示范的位置和方向

示范的位置必须有利于幼儿的观察。教师除应根据不同的队形,选择示范的位置外,还应注意不要让幼儿面向阳光、风向和容易分散幼儿注意力的事物站立。示范的方向(示范面)要根据动作的特点和让幼儿观察的部位而定。例如,为了显示动作的左右距离,则采用正面示范;为了表示动作的前后部位,则采用侧面示范;方向路线变化比较复杂的动作,可采用背面示范,但因为背向幼儿做示范不易了解幼儿练习的情况以便及时指导,所以一般不常用,在学习小武术、韵律操、舞蹈等方向路线较复杂的动作时,可让做得较好的幼儿站在前边做背面示范,教师在旁指导。镜面示范即示范者面向幼儿,动作方向与幼儿一致,左右相反,像镜子一样反映幼儿的动作,领操时经常采用镜面示范。

4. 示范与讲解相结合

为了运用多种感官感知教材,以扩大直观教学的效果,在体育教学中,示范与讲解是经常互相结合运用的。在具体结合时是先示范后讲解,还是先讲解后示范,或是边示范边讲解,这就需要教师事先考虑,在教学过程中根据具体情况灵活运用。

(二)讲解法

讲解法是教师用语言向幼儿传授体育知识、技能、组织教学和进行思想教育的一种方法。在运用讲解法时应注意以下四点。

1. 讲解的内容不仅要正确,而且要符合幼儿的接受能力

讲解的内容必须正确可靠,这是保证讲解质量的首要条件;其次,需要教师能够把抽象的东西讲得浅显易懂,语言要生动形象,可借助表情和姿势说话,要有感染力和鼓动性,语音的高低强弱,语流的速度、间隔应和幼儿的心理节奏相适应。

2. 讲解要简明扼要,重点突出

由于幼儿有意注意集中的时间较短,所以,在教学中要用最简洁的语言达到最大的讲解效果,而不能讲得过多、过细、占用时间过长。这就需要教师把握住教材的难点、重点,了解幼儿的水平,根据教学任务,确定讲什么,并把它概括成精练的语言使字字句句讲在点子上。例如,讲立定跳远的动作要领时,预备姿势和腾空动作方法,可以通过示范传授给儿童,重点讲起跳和落地动作的方法、要领。起跳只要用"腿蹬直、臂摆起"六个字,落地也只要讲"屈腿"两个字就行。在教学中,适当使用口诀、儿歌或顺口溜,有助于做到语言的精练。

3. 讲解要富有启发性

启发的目的就是调动幼儿学习的积极性和主动性。要做到这一点,教师必须熟悉教材和了解幼儿。在练习前,可以有意识地设下"悬念",让幼儿带着问题去学习;也可以采用提问或讨论的方式来启发幼儿动脑筋、想问题,提高学习兴趣。但如果教师的提问是"是非式"的,或是由教师设框框,幼儿套框框,这就毫无启发的作用。

4. 讲解要注意时机和效果

当幼儿正在做练习,特别是在情绪高涨地进行游戏,或注意力分散、东张西望、喊喳说话时,教师背向幼儿以及调动队伍时,除了适当地作简短的提示外,一般不作讲解。在教学过程中什么时候讲解最为有利,最能收到效果,教师必须做到恰到好处。当幼儿注意力集中,情绪较稳定,或是有疑惑时讲解,才能收到较好的效果。

(三) 练习法

练习法是根据教学任务,有目的地反复做某一动作的方法。它是掌握技能、发展基本活动能力和锻炼身体、增强体质的基本方法。幼儿园常用的练习法主要有以下四种。

1. 重复练习法

重复练习法是指在不改变动作结构和练习条件下反复做一个练习的方法。如反复做某一节操或某一个游戏。它是幼儿园普遍使用的比较简便的方法。使用此练习法,应根据教材特点和幼儿体力以及心理特点确定重复次数,注意突出教学重点。

2. 变化练习法

变化练习法是指变化动作结构和练习条件的方法。如改变动作的要素、动作的形式或组合,变换练习的环境、器材的高度和器材的重量等。这种方法的优点是能较好地激发练习兴趣,巩固与发展动作和提高运动能力。在运用时应注意:所变换的条件、环境、器材等,必须符合幼儿的实际情况和项目特点,必须有利于教学任务的完成,而不应无限地、盲目地改变环境,增加条件和加大难度,所变化的条件,应是大多数幼儿通过努力能够完成的。

3. 条件练习法

这是变化练习法的一种,它是设置一定的具体条件,要求幼儿按规定的条件做动作。如向上跳摸物,有一定高度的物就是"条件"。这种练习法有三个优点。第一,使幼儿感兴趣。原地双脚向上动作比较单调乏味。但挂上花皮球、小铃铛、色彩鲜艳的画片,幼儿就会兴致勃勃地跳起触摸。第二,把抽象的要求具体化。如投沙包要有一定出手角度。这个抽象的要求幼儿是不能理解的,如果在投掷线前面挂起一根有一定高度的绳子,要求幼儿投沙包时,要使沙包从绳子上边飞过。这就是把抽象要求具体化了,幼儿容易理解也易做到。第三,便于掌握正确动作和提高运动能力。如为了让幼儿掌握立定跳远起跳时的摆臂动作,可以让幼儿跳起能摸身前的物体。设置的条件要符合幼儿的能力和动作规范,并能引起幼儿的兴趣。

4. 完整练习法和分解练习法

完整练习法是把教材完整地进行练习的方法,分解练习法是把完整的教材分解成几个部分,按部分逐次地进行练习,最后再组合成完整的动作进行练习的方法。完整练习法的优点是能使幼儿完整地掌握教材,它一般用于掌握较容易的动作或游戏和复习教材时,它的缺点是不易于掌握教材中较困难的部分或较复杂的教材。如学习投沙包和"人、枪、虎"等较复杂的教材时,用完整练习法就费时间,效果还不理想。分解法的优点是把复杂的教材简单化,使幼儿较易掌握,能较好地保证掌握教材的质量。一般用于较难的教材和改进较薄弱的环节,或强化重点环节。在幼儿体育教学中分解法不常用。在使用分解法时要十分注意,分解动作时不要破坏教材的完整性。要注意把分解练习法和完整练习法结合运用。

(四)游戏法与比赛法

游戏法是通过游戏的方式,在规则许可的范围内,充分发挥个人的主动性和创造性,以达到教学目的的一种方法。在幼儿园体育教学中,游戏法是最常用、最有效的一种主要方法。它突出的优点是能引起幼儿浓厚的兴趣,产生强烈的练习欲望,提高教学的效果。比赛法是在规定的比赛条件下,充分发挥已掌握的各种动作,互相竞赛以决胜负的一种方法。它和游戏法有着密切联系,主要区别在于比赛法具有更严格的规则和"竞争"因素。参赛者情绪高涨,对体能要求较高。所以,比赛法一般在中、大班采用。

运用这两种方法时应注意目的明确,要求具体,教育及时,发展智力和培养能力,控制运动负荷,严格规则,讲评公正。

(五)口头指示和具体帮助法

口头指示是指在幼儿练习时,教师用简单明确的语言提示和指导幼儿活动的方法。如幼儿排队走步时教师提醒幼儿:"挺胸、抬头""迈大步"。练习跳远时教师提示:"摆臂""腿蹬直"等。口头指示的优点是明确、具体、及时和针对性强。它不仅用于指导做动作和组织教学,而且还用于品德和安全教育。用语言指示时,必须简单明确、要求具体,所用语言应是幼儿懂得的和熟悉的,声音要有感情和鼓动性。声音不要太大和太突然,以免惊吓幼儿,影响教学。在提示幼儿遵守纪律和纠正不正确行为时,不可用训斥、埋怨和恐吓的语言和口吻。

具体帮助法是指教师直接地、具体地帮助幼儿掌握动作的方法。它多是用于个别指导时。如幼儿初练踏"石"过"河"时教师就可一只手帮助他"踏石",以便保持平衡和掌握动作节奏,同时还可给予语言信号"嗒、嗒、嗒"。用具体帮助法时首先应注意要顺其用力方向给予助力;其次要注意教师站的位置和给予助力的身体部位;最后助力大小要适当。

活动设计

勇敢的消防员(中班)

活动视频

活动目标

1. 探索轮胎的多种玩法,练习奔跑和在障碍物上平衡走、爬、钻等的动作。
2. 能在老师的引导下合作完成任务,提高身体的灵活与协调能力。
3. 体验与同伴合作克服困难、完成挑战的快乐。

活动准备

轮胎若干、沙包若干、红色蓝色姓名贴、背景音乐。

活动过程

1. 创设"消防员操练"游戏情境,引导幼儿热身,通过走跑、压腿等动作重点进行腿部热身。

师:集结号响了,欢迎小朋友参加我们的消防员训练营,消防员要执行非常特殊的任务,对我们的身体有很高的要求,我们要认真练习,让我们操练起来吧!

教师带领幼儿围绕场地进行走跑步、快跑、慢跑、绕过障碍物、瞄准目标发射水弹、齐步走,利用轮胎做头部、腰部、上下肢等各种准备动作。

2. 通过"消防员练本领"游戏情境引导幼儿探索轮胎多样玩法;进行走跑、平衡、手脚爬的动作练习。

(1) 通过自主探索,引导幼儿尝试轮胎的多样玩法(踩在轮胎上转、搬轮胎、滚轮胎、两人合作钻轮胎、多人合作搭轮胎桥跑跳、爬等)。

师:你们觉得轮胎可以怎样玩?引导幼儿自主探索玩轮胎,请个别幼儿展示自己的玩法,并鼓励其他幼儿跟着学习。

小结:刚才你们用了很多有创意的方法锻炼了身体,真棒!

(2) 通过游戏"勇闯独木桥",引导幼儿自主搭桥,进行双手打开、双脚交替过桥的平衡练习。

师:消防员们,你们的创意真棒,用轮胎锻炼了自己的本领,但是一个真正合格的消防员是会团结合作的,我们一起合作摆成训练场。

① 教师出示任务卡,引导幼儿观察解读任务,要求用轮胎摆成两条直线,左侧的红蓝两条线是桥头,右侧是桥尾,请在 30 秒内摆出两条笔直的独木桥。

② 引导幼儿自由结伴用轮胎搭桥,进行"勇闯独木桥"游戏,幼儿分红蓝两队尝试大胆地过桥。

提问:有什么好办法快速通过?请快速通过的个别幼儿介绍方法。

小结:双手打开保持平衡、脚踩住轮胎的边缘快跑会让我们平稳快速地通过。

③ 继续进行游戏"勇闯独木桥"。引导幼儿做到双手打开保持平衡、脚踩住轮胎的边缘、快跑通过独木桥。

(3) 通过游戏"闯过山坡"引导幼儿练习手脚爬的动作。

师:消防员的任务可没有这么简单,接下来又有了新的挑战,你们看,这次的桥跟我们之前的桥增加了什么?在原来轮胎上面新增加了两层 4 个轮胎。

① 提问:这次的路线更加难了,怎样才能快速安全通过呢?开始游戏,鼓励红蓝两队幼儿自主探索走独木桥、过山坡的方法。

② 教师总结归纳幼儿的表现,重点引导幼儿学习用手膝爬的方法练习。

提问:有什么好方法能安全又平稳地通过?请做得好的幼儿讲解手膝爬的动作要领。

小结:手扶轮胎、扑下身子降低重心,手膝爬的方法能让我们平稳迅速地通过障碍。

③ 再次进行游戏"闯过山坡",提醒幼儿掌握手膝爬的动作要领,注意安全。

3. 游戏:火场救援——引导幼儿练习平衡、钻爬等动作(创设情境——警报响起,发现山林大火,需要消防员前去营救)。

师:消防队员们,前方发现山林大火,需要我们用自己的本领去扑灭大火,你们有信心完成吗?

(1) 讲解玩法要求:消防员通过独木桥、爬过高山、钻过山洞,每人拿两个水弹把大火扑灭,灭火很危险,要拉开距离。

(2) 幼儿进行游戏,教师随时提醒幼儿注意动作要领。

(3) 小结讲评游戏情况,为消防员颁发勋章。

4. 放松活动"消防员庆胜利"。

伴随优美舒缓的音乐,引导幼儿创造性地放松身体,体验游戏的成功感。

活动延伸

引导幼儿活动后继续探索轮胎的多种玩法。

活动评析

本活动情景完整有趣,从"消防员练习本领",到最后成功执行灭火任务为情境主线,把各个活动环节串联起来,在活动中让幼儿大胆尝试、自由自主地探索轮胎的各种玩法,最后通过"消防员操练""勇闯独木桥""闯过山坡"等游戏增强幼儿平衡、上臂力量等能力。让幼儿在玩中学,最后创设火场救援的情境,让幼儿根据自己所学习到的本领完成挑战,体验团队合作完成任务的成功感和自豪感。

第四节　学前儿童体育活动的设计

一、学前儿童体育活动的组织形式

幼儿园体育活动的任务是通过体育课、户外体育活动、早操等组织形式实现的。各种组织形式共同承担《纲要》规定的体育任务,都有一定的教学因素,各有特点,又相互联系。

(一)体育课

体育课是一种有目的、有计划、有组织的体育活动。它以身体的练习为主要内容,注重幼儿身体的全面发展,有目的、有计划地提高幼儿的身体素质,发展幼儿的基本活动能力,增强幼儿的体质,同时也包含一定的教学活动,重视促进幼儿智力和良好个性品质的发展。因此,幼儿体育课是实现幼儿体育任务的基本途径之一。

在幼儿的体育教学活动中,既要考虑和遵循幼儿认知的特点和发展规律,还必须遵循人体生理机能活动变化的规律以及动作技能形成的规律。幼儿体育课还必须符合幼儿的生理、心理特点和发展水平,以游戏作为主要的活动方式;要增强每个幼儿的体质,愉悦身心,使每个幼儿的体质在原有水平上得到一定的提高,没有统一的达标要求。

体育课的主要任务是:全面锻炼身体,增强幼儿体质;传授简单的体育知识和技能;发展幼儿智力;培养优良品质、锻炼意志、发展个性。

完成一次课的教学任务、上好一堂课包含备课、上课、课后辅导和复习,对教学效果的检查和评定等教学环节。上课是中心环节,备课是关键,复习巩固、检查和评定也是不可缺少的环节,它们是一个有机的整体。

1.备课

备课是上课前的准备工作。一堂课的成败,与备课质量有直接的关系,它是上好课的关键。备课包括了解情况、钻研教材教法、制定教案、确定教学手段、小助手的培养和教学物质条件的准备等工作。

(1)了解情况:要了解幼儿人数、年龄特点、个性特点、健康状况、体能水平、智力和学习能力以及行为表现等;要了解包括场地、器材、气候、环境等教学条件。

(2)钻研教材教法:对教材的性质、任务、内容、重点、难点、教法、与其他教材的关系等,都要认真钻研,熟练掌握。

(3)编写课时计划(教案):要在深入研究各个教学因素的基础上,编写课时计划。要确定课的内容、目标要求、组织教法和合理安排运动负荷,以及场地、器械的布置等。编写课时计划是备课中深化、具体、落实的重要环节,教师要十分重视。由于有些教学因素是在不断变化的,在上课前、上课中要根据实际变化的情况,做必要的、灵活的变动。课时计划的格式为:活动内容,活动目标,活动准备,活动过程,活动效果分析。

(4)小助手的培养和教学物质条件的准备:如果有的动作限于教师自身的条件不便亲自示范,可请幼儿示范,但应在事前帮助幼儿将动作做正确;有些动作由于器械高度和宽度不适合教师作示范,也可事前培养幼儿做。教学物质条件包括场地、器械、教具、幼儿佩戴的标志、饰物等。物质准备要有利于教学,保证安全;教师的服装、鞋子要便于教学和注意对幼儿的教育;幼儿衣帽、鞋子课前也要检查。

2. 上课

上课是课堂教学的中心环节,是完成既定教学任务的最重要的一步。

根据体育教学任务的多样性,需要有多种类型的课。目前幼儿园的体育课,最普遍的是综合课,这与幼儿体育课任务的多样性、综合性有关。所谓综合性,是指既教授新教材又复习旧教材,在复习巩固已学过的教材的基础上,增加一部分新的内容,这样有利于全面完成教学任务。

课的结构是指组成一堂课的几个部分及其相互关系,还包括各个部分教学内容安排的顺序和层次以及教师和幼儿活动的组织等内容。

体育课的结构设计要根据人体生理机能能力变化规律、知识、技能教学规律、课堂幼儿心理活动变化等规律。人体生理机能能力变化规律是涉及任何体育课的结构所必须遵循的主要规律,这是发挥和提高人体生理机能、掌握动作技能,全面完成体育教学任务的客观需要。目前体育课中的细微结构虽然各有不同,但在总体上都遵循这一规律;课的结构设计还要根据课的任务、内容、幼儿人数、场地器材等条件;课的结构各个部分都要承担锻炼身体、进行教育的任务,各个部分在内容、运动负荷、时间等方面都有一定的联系,但所用的教材的性质、特点、对幼儿身心的影响、练习顺序、教师和幼儿活动的组合、所占用的时间都不尽相同,上一个部分是下一个部分的准备,下一个部分是上一个部分的自然延续或发展,各部分之间既有联系,又相互制约;既有共性,又有个性,共同组成一个有机的整体。

目前体育课多采用"开始——基本——结束"的结构,现对三部分作介绍。

(1) 开始部分。

任务:迅速将幼儿组织起来,集中注意力,并从生理和心理方面做好准备和动员工作,激发学习和活动兴趣,使幼儿精神振奋、情绪活跃,使身体各器官能较快进入工作状态,为基本部分做好生理和心理上的准备。

内容:集合幼儿、整队,向幼儿简要说明课的内容要求、排队和变换队形练习、走步、慢跑步、徒手操和轻器械操等,以及提高身体素质的练习,一些动作简单的、负荷量不大的身体运动内容。

生理方面的准备活动,主要指让幼儿做一些身体运动练习,提高身体机能的活动能力,使其身体各器官系统的机能逐步进入到工作状态,为基本部分开展较大活动量的身体运动做好准备。

心理方面的动员工作,主要是指调动幼儿参与活动的积极性和愿望,使他们精神振奋、情绪饱满、跃跃欲试。教师要用自己的言行感染和影响幼儿,要通过本人的情感和姿态吸引幼儿的注意力,并产生参加体育活动的兴趣和欲望。

开始部分的设计最好是新颖简短,需要根据幼儿的特点、基本部分的目标、气候等因素来确定活动的内容和时间,一般大约占总时间的10%—20%为宜,幼儿的年龄越小,所占的时间越少。

(2) 基本部分。

任务:实现本次体育课的主要教育和教学的活动目标,即通过一定的身体动作练习,提高幼儿的身体素质,发展基本动作的活动能力;学习粗浅的体育知识和技能;培养优良的品德和良好的性格,发展智力。

内容:以《纲要》所规定的内容为主,选择和安排要符合科学规律性。如果此节课有新的教学内容,就应该根据幼儿认知活动的特点,将此内容安排在基本部分的开始阶段,以便使幼儿能有较集中的注意力、饱满的情绪和充沛的体力去学习和练习。至于能引起幼儿高度兴奋或活动量较大的游戏活动,则应该放在基本部分的后半段,以便使之与幼儿身体机能活动的水平相适应。

全课的运动负荷高峰,一般出现在基本部分,教学时要掌握好负荷的节奏。基本部分活动的时间一般约占总时间的70%左右。

（3）结束部分。

任务：有组织地结束一节课,缓解幼儿身心高度兴奋或紧张状态,使之能较快地恢复常态;并要进行简单的小结。

内容：一般包括两个方面。一是做一些身体放松的游戏或动作,帮助幼儿放松肌肉,消除疲劳,使幼儿的身体和情绪由高度的紧张、兴奋、激动状态逐渐过渡到相对平静的状态。二是进行本节课的简单小结,肯定和称赞幼儿的努力和成功,同时要继续激发和保持幼儿对身体活动的兴趣和积极性,并组织幼儿整理教具,养成做事有始有终的好习惯。

结束部分活动的时间约占总时间的10%,并视具体的活动情况而增减。

课的结构没有固定的模式,应从有利于更好地完成课的任务出发,根据影响课的结构的各种因素,以及教师本身特点而灵活变化。

在写教案时,可以不写开始部分、基本部分和结束部分这些字,但组织过程要体现出来,不可缺少。

3.课后辅导和复习

课后辅导和复习是课堂教学的必然延续,是不可缺少的环节。因为无论是知识技能的掌握、优良品德习惯的形成,还是体力的增长,都需要逐步不断地加以强化。首先是幼儿园体育课时短,间隔时间长,应更加注意课内外的密切配合;其次是幼儿存在着个体差异,而课堂上贯彻区别对待的原则有局限性,需要课后予以个别辅导,才能较好地使幼儿共同前进、发展个性;再次是幼儿自学能力和独立性差,课后需要教师组织复习、指导。

4.检查和评定

上课后应对备课和上课的全过程进行回顾,应对课堂中所获取的信息进行分析和研究,以进一步了解幼儿特点,总结教学经验,探索教学规律,它是提高教师教学能力、提高教学质量不可缺少的环节。

课的分析和评定,按参加分析评定的人划分为自我分析和互相分析。自我分析是每节课后都应进行的,互相分析是在互相听课和集体听课后进行。两类分析课又可以分为综合分析和专题分析。综合分析是指对课的质量进行全面的分析和评定,进行全面分析的方式有很多,可按问题进行分析,也可按教学过程进行分析,也可以把两者结合起来共同分析。专题分析是指对课的某一方面的质量进行分析和评定,有利于对教学中的问题进行深入的研究。课的分析和评定,应力求做到具体、全面、深刻、辩证。

以上讲到了组织活动一般要事先计划和备课,但具体组织活动时,要心中有目标,眼中有孩子,遇到突发问题,根据情况灵活处理。《标准》专业能力维度中也指出:教师要制订阶段性的教育活动计划和具体活动方案;在教育活动中观察幼儿,根据幼儿的表现和需要,调整活动,给予适宜的指导;在教育活动的设计和实施中体现趣味性、综合性和生活化,灵活运用各种组织形式和适宜的教育方式;提供更多的操作探索、交流合作、表达表现的机会,支持和促进幼儿主动学习。

活动设计

好玩的报纸球（大班）

活动视频

活动目标

1.喜欢玩纸球游戏,练习夹球跳、抛接等动作,发展动作的协调性。

2.能自己或与同伴合作玩纸球,探索出多种玩法。

3.体验与同伴合作玩游戏的快乐。

活动准备

1. 物质准备：报纸若干、地标线4根(起点线2根、终点线2根)、音乐、方布8块。
2. 经验准备：幼儿有玩过夹物跳、抛接等小游戏的经验。

活动过程

一、通过"纸操"开展热身运动,调动幼儿参与活动的兴趣

教师带领幼儿在音乐伴奏下通过"纸操"进行平衡、协调练习等热身练习。

二、自由探索纸球的多种玩法

1. 幼儿自由自主探索纸球的各种玩法。

2. 分享交流纸球的多种玩法。

3. 重点练习2—3种纸球玩法,如夹球跳、抛接等。

三、合作探索玩纸球,练习抛接动作,初步体验合作玩球的快乐

1. "双人互抛球"游戏,练习合作抛接球。

(1)讨论:"怎样将两个球变成一个结实的球?"(发现好做法及时肯定,并请个别幼儿演示)

(2)两人一组练习互抛球。要求:合作好,不掉球。

师幼交流:怎么抛? 怎样接?(请一组幼儿演示,掌握抛接方法:双手将球向对面幼儿抛出,对面幼儿双手接住)

(3)增加难度,拉大抛接距离。

教师关注幼儿连续抛接球情况。

2. "合力抛接球"游戏,再次体验合作的乐趣。

(1)教师和幼儿示范游戏玩法,幼儿观察。

玩法:两人一块布,每人拉住布的两个角,同时抛接球,球不能落地。

(2)幼儿两人一组开展"合力抛接球"游戏。

教师巡回指导,掌握幼儿合作抛接情况。

(3)增加游戏难度,提出抛接高度要求。

再次开展游戏,体验与同伴合作游戏的快乐。

四、放松活动"变报纸"

1. 通过"抖报纸、看报纸"等形式,进行头部、上肢运动等各种放松活动。

2. 收拾纸球,离开场地。

活动评析

本次活动孩子们兴趣浓厚,以玩报纸球为主线,符合幼儿的年龄特点,主要体现了两个特点:一是创设游戏情境,贯穿活动始终。活动中结合幼儿喜欢游戏的特点,突出游戏性,将生动有趣的情境贯穿于整个活动之中,由浅入深、层层递进、环环相扣,在活动中有目的、巧妙地设计了"自由玩球""双人互抛球""合力抛接球"的游戏情节,带领幼儿置身于有趣的游戏活动中,激发了幼儿参与活动的兴趣,体验了游戏的成功感,同时获得了新经验。二是自主探索,层层递进。在活动前半部分重点突出了让幼儿尝试自主探索纸球的玩法,通过分享交流探索结果,重点提升夹球跳和抛接球。讨论:你的球为什么没有掉下来,你有什么好方法? 我们一起学一学。引导幼儿一起练习掌握夹球跳的方法。在练习抛接球的过程里,通过幼幼活动的方法,孩子来当老师教孩子练习抛接球,教师引导掌握基本方法,为合作抛接打基础。在环环相扣、层层递进的活动中,幼儿自主性得到充分发挥,循序渐进地掌握了技能。根据大班孩子年龄特点,通过引导孩子合作玩游戏,培养了幼儿的坚持性以及不怕困难、愿意合作的精神。

（二）户外体育活动

《指南》中明确指出：幼儿每天的"体育活动时间不少于1小时"。因此，户外体育活动是幼儿园体育的重要组织形式之一。它具有活动内容丰富、活动时间经常、灵活性大、幼儿自主性强等特点，有利于教师发挥主导作用和贯彻区别对待等教学原则，也有利于发挥幼儿的主动性、积极性，更好地培养他们的独立性和创造性。同时，能充分利用自然力量——空气、阳光进行体育锻炼。

1. 意义

幼儿在户外活动，不仅能锻炼身体，而且能直接受到阳光、空气和温度等自然因素的刺激，对幼儿运动系统、呼吸系统、循环系统、神经系统的健康发育尤为重要；户外体育活动这种形式还能弥补早操和体育课的不足，以分散的小组和个人活动为主，可以充分考虑和兼顾幼儿的不同兴趣、爱好和能力水平，幼儿还可以自选活动项目和运动器械，在活动中发展自己的动作和身体素质，幼儿不会感到有什么压力，从而能轻松、愉快、自由地尽情活动；尊重幼儿的选择，也可以培养幼儿独立性、自主性和创造性，幼儿自由结伴游戏，有助于幼儿社会性的发展。

2. 内容

基本体操：可以教授新操或准备运动会、节日表演的体操。

基本动作：较多的时间是复习巩固体育课已教的内容，也可以从实际情况出发，有计划地教授新内容。

游戏：《纲要》中的、教师自编的、幼儿自创的，还可以选用一些适合户外体育活动中做的游戏。

各种大中小型器械练习：大、中型固定的运动器械（如综合运动器械、攀登架、跳跳床、滑雪梯等）、移动的小型器械（如三轮车、自行车、积木等）、可拿在手上的小型器械（如球、圈、棒、沙袋、飞镖、彩带、绳等）。

利用环境的自然力锻炼：三浴锻炼、爬山、过小桥以及赤脚在草地上、鹅卵石上走、跑等。

组织观看体育题材的电视、录像，或者听、讲有关体育、卫生保健方面即促进身体健康方面的故事。一般在雨雪天，室外不能进行体育活动时开展。

3. 组织

根据幼儿心理、生理特点，户外活动一般安排上、下午各一次。具体时间可根据不同地区、不同季节，灵活安排。

根据幼儿园的场地类型（草地、沙土地、塑胶地、水泥地等）和器材大小、数量多少的不同，班级数不同等各种客观因素，组织的形式也不完全相同，要对班级、场地、运动器材进行合理的安排和分配，充分发挥各自的作用。

户外体育活动，一般由教师带领全班幼儿进入指定的活动场所，布置活动的内容和要求（包括器材名称、玩法、器材交换、活动范围、活动时间、集合信号等），然后，采用教师直接指导下的集体体育活动，或间接指导下的分散体育活动。幼儿活动时，教师给予全面观察和一定的指导，指导包括对幼儿进行鼓励、启发、引导、参与、帮助、保护、纠正等。

> 活动设计

龙舟快快跑（中班）

> 活动目标

1. 继续练习蹲着向前行进，增强动作的协调性。

2. 提高互相配合、协作动作的能力。

3. 能够运用棉棒、圈、沙包创造性地玩出各种不同的玩法。

活动准备

1. 鼓 1 面,小旗 4 面及用纸盒制成的龙头龙尾 4 个。
2. 自由活动器械:圈、沙包、棉棒。

活动过程

一、准备活动,练习听鼓点有节奏地做动作

1. 随意地四散站开,听鼓点,跟随教师做动作(鼓点的节奏一致,不宜过快)。

2. 准备动作先做四套上身及手臂的动作接两套下蹲运动,最后接四组蹲着向前行进的动作(最后一组动作要求幼儿动作快慢一样)。

二、教师与幼儿共同回忆游戏"赛龙舟"的玩法,并进行游戏

1. 根据上次游戏情况,与幼儿讨论:怎样不使龙舟断开?

2. 幼儿开始比赛,随着击鼓的节奏向前进,以先到终点拿到小旗的一组为获胜者。

3. 幼儿游戏 2—3 次(注意幼儿对游戏规则的遵守情况)。

三、幼儿自由活动(器械由幼儿自由选择)

1. 自由活动前请幼儿观察今天的户外活动器械,并且与幼儿回忆以前都有过哪些不同的玩法。

2. 鼓励幼儿再创造出和以前不一样的玩法,教师在指导过程中引导幼儿与他人结伴游戏,启发幼儿将各种器械结合运用。

四、游戏结束,幼儿整理器械、玩具,做放松活动

1. 值日生将器械、玩具整理整齐。

2. 教师带幼儿一起做全身的放松活动(如拍拍腿、甩甩胳膊、相互捶捶肩等)。

活动评析

本次户外活动是第二次玩这个游戏,幼儿兴趣仍然非常浓厚。游戏中幼儿对下蹲向前行进动作再次进行练习,动作明显比上次游戏中的动作协调。游戏前引导幼儿讨论游戏中如何相互配合的问题,综合上次游戏的经验,游戏中幼儿明显地对自己行进步幅与快慢加以注意,增强了幼儿相互协作的意识。自由活动时,仍然把与同伴相互配合协作游戏作为指导重点,拓展了幼儿运用各种器械创造性游戏的思路,使玩法更加丰富。

4. 要求

幼儿园领导和教师,应为幼儿不断创设和改善户外体育活动的场地和器材,使幼儿能在绿化环境好、场地宽敞、运动器材丰富多样的环境和条件中,尽情地投身于户外体育活动中去。

要根据上级部门提出的体育活动要求,结合本园场地、器材、班级数和幼儿身心发展特点、季节特点等具体情况,制定出科学的、切实可行的、富有实效的户外体育活动计划,包括全园户外体育活动的时间、场地、班级、器材轮转表,以及班级户外体育活动计划等。要不断完善计划,使之更具有科学性。要充分利用场地和器材,尽量减少场地和器材的空置时间。

在每次户外体育活动开展之前,教师应将原定的计划进行可行性和实效性的考虑。如遇器材缺少、场地维修等特殊情况时,应及时变更、重新安排活动计划。

在户外体育活动的组织中,教师要全面、及时地进行适当的观察与指导,在活动开始时,要启发引导幼儿积极地参与活动;在活动过程中要密切注意观察全体幼儿活动的情况,如遇到幼儿出现需要帮助、动作错误、发生危险等情况,要及时地采取指导和帮助措施。不能让自己的视线离开幼儿,或只注意部分幼儿。要特别加强对自控能力较差、容易出危险的幼儿,以及活动能力弱、需要帮助的幼儿的观察与指导。

教师要控制和调节幼儿活动时的运动负荷量。例如,当幼儿不会玩某一运动器材或运动负荷较小时,教师要给予指导和调整,包括带领他们一起活动。幼儿相互追逐或连续跳跃,运动负荷量过大时,教师可以召集幼儿做一些运动负荷量小、轻松的活动,或者请某个幼儿演示动作,大家观摩稍加休息等。

5. 注意事项

要自力更生,废旧利用,制作出各种各样有健身价值并深受幼儿喜爱的自制运动器材。如用边角料废布制成降落伞、彩带、布球、纸球、各种拉力器等。

要经常清扫和检查户外体育活动的场地,使场地保持干净,没有沙、石、碎玻璃等物。要定期检查运动器械,达到使用方便、牢固、安全。

在户外体育活动时,卫生保健医生可参加卫生监督工作。

在户外体育活动时可播放一些活泼、轻快的幼儿音乐,增添活动的气氛,使幼儿感到轻松和欢快。

制定和准备好在下雨、下雪等不利于户外活动的室内体育活动方案。包括场地、器材、内容、要求等,不要轻易占用户外体育活动的时间。

(三) 早操

早操是幼儿园在早晨开展的、以基本体操为主要内容的一种体育活动的组织形式。它是幼儿园作息制度中不可缺少的一部分,它在增强幼儿体质、教育活动和一日生活的组织上都具有一定意义。

1. 意义

早操能使幼儿精神饱满、情绪愉快地开始一日的活动,使身体较快地进入工作状态,提高活动效率;能培养幼儿良好的体育锻炼习惯和态度,全面锻炼身体,促进身体各部分均衡发育,培养正确的身体姿势;能发展幼儿注意力,激发愉快情绪,培养活泼乐观的性格以及关心集体、遵守纪律等优良品德;早晨空气清爽新鲜,尤其是在寒冷季节坚持户外锻炼,能增强对自然环境的适应能力和对疾病的抵抗能力。总之,使幼儿在一日生活中有一个愉快的、有组织的良好开端。

2. 内容

走步、跑等排队和变换队形的练习;一定时间和距离的跑、走交替健身活动(根据季节变化,调节跑、走的时间和距离);模仿操、徒手体操和轻器械体操等练习;简单的舞蹈律动动作练习;负荷量不大的游戏或自选活动内容等。

3. 组织

幼儿园早操时间一般是 10—30 分钟。夏季早晨凉爽,早操时间可长一些,冬季寒冷时可适当缩短。

早操一般是全班幼儿在老师带领下,随着音乐伴奏声,从教室进入操场,在规定的场地上开展相对统一的早操活动。一般在户外进行。

由于幼儿园各自的户外场地、运动器材、管理方式等不同,而开展早操的类型也不同,一般包括:全园全体幼儿一起进行早操,统一音乐,不同内容;根据不同年龄分批进行早操,不同音乐,不同内容;有的年龄组独立,有的年龄组在一起,根据分合,选用不同音乐,不同内容。

4. 要求

在早操中,教师要以自己优美、轻松的镜面示范动作和语言提示等方法,组织幼儿开展活动。对幼儿不正确的姿势和动作,要及时加以提示和帮助纠正。操节进行中,最好不要中断,保持动作的连续性。

幼儿做操动作要认真,姿势良好,动作尽量正确、整齐、有力、有节奏。

早操的内容可根据幼儿年龄增长和动作发展进行创编和改编。上、下学期的内容一定要更换。

根据早操的目的和时间,其内容不宜过多,运动负荷量应小一些或中等,切忌过大,以保证幼儿以饱满的精力和体力参加全天的各种教育与生活活动。

早操要尽量选择幼儿所喜爱、熟悉、欢快、活泼、轻松的音乐。口令的快慢和音乐的节拍都要符合幼儿动作的节奏,乐曲或歌曲音量不宜过大,以保护听力。

5. 注意事项

根据季节特点,要选择、安排好早操时间和内容;早操中的排队和队形变换内容要简单易行,不要搞小学化、军事化,不要把时间过多地用在排队和变换队形上,排队和队形变化要为幼儿形成集体意识和做操服务;幼儿操内容的选择,要面向全体幼儿,使全体幼儿能在较短的时间内都学会和掌握,不要将操节内容安排得太复杂、太难或表演化;在有风、雨、雪以及恶劣气候的时候,可以安排室内早操活动。要创造条件和充分利用室内体育活动室和教室,形成一套室内早操活动的方式、内容和要求,不要降低早操的质量,更不要轻易占用早操的时间。

(四)远足活动及短途旅行

《纲要》中多处明确指出,幼儿园应与家庭、社会密切配合,综合利用各种教育资源,即充分利用自然环境和社区的教育资源,扩展幼儿生活和学习的空间,这就需要经常带领幼儿走出幼儿园,到社会大空间学习更多的知识、经验,逐步学会适应生活、适应社会。走步是强心健体的法宝,百练不如一走。远足是一项有目的、有计划、因地制宜的、符合幼儿身心全面和谐发展的,并具有综合性教育内容的阶段性活动。

1. 意义

锻炼幼儿身体,促进其身体形态、机能的正常生长、发育;培养幼儿在生活中正确运用走、跑、跳跃等基本动作技能;提高幼儿的身体素质和基本活动能力,增强幼儿身体的适应能力和抵抗疾病的能力。

通过活动,可以扩大幼儿的视野,欣赏大自然的美景,领略大自然的美妙,增长知识,提高幼儿的观察力、注意力、思维能力、认知能力和语言表达能力。通过活动,培养幼儿热爱祖国、热爱家乡、热爱他人的良好情感,养成自觉遵守社会道德规范、文明礼貌的良好行为,培养幼儿适应环境、认识自我、克服困难、持之以恒、自理自立、学会生存等能力。通过活动,使幼儿开心、开朗、活泼、愉快。

2. 内容

幼儿园远足及短途旅行活动的内容十分丰富,但必须根据教育目标的要求,以及各地的实际情况和条件,因地制宜地选择利用。

发展幼儿基本动作:在途中及到达目的地后,充分利用其环境条件,发展幼儿走、跑、跳跃、平衡、投掷、钻爬、攀登等基本动作;随身携带小型体育器械(如跳绳、小球等),到宽阔地带进行各种活动。

发展幼儿认知能力:在活动中,积极引导幼儿观察花草树木等自然环境及人们的服饰变化,认识感受一年四季的变化;观察、比较各种物体的外形特征,认识各种事物的属性等;对幼儿进行认识道路、路标、各种标志的教育,以及遵守交通规则、爱护公共设施等教育。

良好品德和情感教育:进行革命传统教育以及当地的历史、文化、名胜古迹、风土人情的教育;活动中,让幼儿观看升旗,初步了解祖国各地的发展变化情况,欣赏家乡大自然的美景,以进行热爱祖国、热爱家乡、热爱大自然的教育;有计划地带领幼儿到工厂、商店、农村、养老院、孤儿院等处,让幼儿了解各行各业人们的劳动特点和成果,进行关心他人、了解和尊重他人劳动的情感教育;还要注意对幼儿进行克服困难、勇敢顽强的意志品质教育以及其他方面的教育。

3. 组织

根据幼儿的年龄特点和身心发展规律,依照循序渐进的原则,设计路程、选择路线、规定行进速度、确定活动量。

　　组织活动的形式、方法要灵活多样,内容要丰富多彩,使幼儿在活动中始终保持浓厚的兴趣。以班级、年级、全园各种形式均可;乘车与徒步相结合;身体锻炼与其他多种教育相结合,以提高幼儿活动的兴趣。

　　必须把安全放在第一位。一方面,教师在选择路线时,尽量避开不安全因素;另一方面,要教会幼儿学会自我保护的方法。当幼儿基本熟悉活动中的某些要求,在条件允许的情况下,可以设置路标,让幼儿独立完成活动中的某些要求,这对于纠正独生子女的依赖性、克服其胆怯心理、增强自信心、提高自制力和自理能力十分有利。

　　充分利用自然与社会的有利条件,培养幼儿的多种能力;让幼儿亲自参加一些力所能及的实践活动,积累生活、社会知识经验;增长幼儿的智慧和才能;聘请有关人员,直接对幼儿进行相应的教育,使幼儿开阔眼界、增长知识、提高认识。

　　及时召开家长会,与家长保持密切联系,取得家长的支持与合作,使幼儿的活动取得更大的效应。不断再现活动概况,巩固成果。每次活动后,请幼儿复述活动过程,其中包括活动路线、观察景物、目的地、身体感觉、心理感受和愿望、受到的教育等;教师分析幼儿的表现,不断地给以鼓励、表扬,激发幼儿的活动情趣和愿望;运用幼儿园的各种环境设备条件,创编各种游戏,使幼儿的综合教育活动得以延伸、发展,从而收到最佳教育效果。

活动设计

远足去海边(大班)

活动目标

1. 练习走的技能,增强耐力和毅力。

2. 通过活动感受春天的气息,愿意与人分享。

3. 发展观察力,对大自然产生较浓厚的兴趣。

活动准备

与幼儿确定好远足路线;幼儿自备水。

活动过程

1. 师幼谈话,介绍远足的地点。

2. 与幼儿准备远足,提出要求。

(1)遵守纪律。

(2)行走时注意安全。

3. 远足活动开始。

(1)幼儿排队连续走,教师可有意识地带幼儿快走、慢走,调整步伐。

(2)路上观察春天的气息,并与伙伴分享。

(3)到达目的地,与幼儿在海边游戏。

4. 回园:师幼谈话,交流感受。

活动评析

　　此次活动,一方面锻炼了幼儿意志力和耐力,并通过路上的变化走,调动了幼儿的情绪,使他们乐意走,从而练习了走的技能;另一方面,幼儿在徒步走的路上,观察感受了春天的气息,与伙伴进行了交流,从而加深了他们对春天的认识。

活动回来后,通过交流,幼儿纷纷谈了活动后的感受,他们普遍认为,虽然走得很累,但收获不少,知道了只要坚持,就会成功。

(五)体育节

幼儿体育节(又称幼儿运动会)既是幼儿体育活动的组织形式之一,又是幼儿体育活动的节日。幼儿体育节是全体幼儿都参加,以体育游戏、基本体操为主要内容,以丰富幼儿生活、培养集体意识、感受运动乐趣为目的的一种全园性的体育盛会。

1. 意义

幼儿体育节可使幼儿感受体育节的气氛和欢乐,激发幼儿运动兴趣,提高运动积极性;增进不同年龄、不同班级幼儿之间的了解和交往,丰富幼儿的生活、活动内容;有利于家长观察和了解自己孩子的运动健康状况,增加家园之间的沟通和合作。

2. 内容

(1)表演比赛型。表演比赛型体育节,是将幼儿体操、幼儿体育游戏、师生同乐游戏、亲子体育游戏等内容作为体育节的表演和比赛内容。在体育节的最后进行发奖仪式,将奖品给予表演和比赛的各班幼儿,在热闹、欢庆的气氛中结束体育节。

表演比赛型体育节的特点:气氛热烈、欢快;不同年龄和同一年龄班级之间可以互相观摩、交流体育节目;使幼儿感受体育节带来的节日气氛;能使家长和有关部门领导了解幼儿体育活动的现状。但表演比赛型体育节也存在时间过长、孩子参与活动的实际时间短、注意力容易分散等问题。

(2)区域活动型。区域活动型,是将全园室内外场地布置成许多多种多样的体育活动区域,体育节开始,各班集合,举行简短的仪式后,每个幼儿可自由地到各个区域参加体育活动。教师分别在各个区域内指导幼儿活动,并对参加活动的幼儿和活动取胜的幼儿发放奖券(或盖章),孩子可凭奖券(或盖章)领取奖品。幼儿可根据自己的意愿结束活动。

区域活动的内容包括大型器械区、钻爬区、骑车区、投掷区、平衡区、体育技能赛区、休息区等。

区域活动的特点:准备工作比较简便、孩子参与活动的时间较长、自主性强,既能满足幼儿参与活动的愿望,又有锻炼身体的实效,同时还能使幼儿获得与各年龄班幼儿之间的相互观摩、学习、交往的机会。小年龄或独立性较差的幼儿,可以由家长陪同参加各区域的活动。

区域活动型体育节,必须建立在幼儿园室内外活动场所多、器材多,平时经常开展小型的区域体育活动,孩子积累有关区域活动经验的基础上举行。

3. 组织

准备:制定计划、竞赛表演办法和体育节程序;组织幼儿锻炼和准备师生、亲子参与的表演项目;邀请家长和来宾;准备器材、场地、奖品等。

进行:表演和比赛要紧凑、热烈而有秩序;组织好参观的位置、队形;体育节以2小时左右为宜;准备好颁奖工作。

结束:要全面总结体育节活动,总结内容包括对幼儿的教育效果、教师组织领导幼儿参加体育节活动的经验、家长工作的效果和经验等。

4. 注意事项

环境布置应有体育节日的气氛;总时间尽可能控制在2小时左右,内容不宜过多,组织环节要紧凑,时间不宜过长;幼儿体育节表演和比赛的内容,难度不宜过高和过于花哨,不要搞突击排练,应将表演和比赛的内容贯穿在日常体育活动之中,减少因表演和比赛而付出额外的时间和精力;体育节前,做好气象预知工作;入场前应帮助幼儿做好各种准备工作,包括谈话、上厕所、整理运动服、鞋、运动器材等;应得到全体教职员工及家长的支持和参与,各项工作既有分工,又有合作,以保证体育节的顺利开展;要面向全体幼儿,尽量让每一个健康的幼儿都能参加表演或比赛,做好卫生保健工作,加强医务监督。

活动设计

健康宝宝春季趣味运动会(大班)

活动目标

1. 初步感受运动会的氛围和场面,体验入场、走队、喊口号、参加趣味比赛的过程。
2. 了解各运动项目的玩法和规则,遵守纪律和秩序,促进运动的协调性和灵活性。
3. 享受亲子活动的乐趣,懂得合作,激发热爱运动的兴趣。

活动准备

1. 场地设计(图 5-59)。

图 5-59

2. 各班排方队入场,一人举牌两人护牌,口号形式自定;家长彩旗队。
3. 运动员编号:0100 一班,0200 二班,0300 三班,0400 四班。

活动过程

1. 运动员入场。
2. 园长讲话。
3. 班级早操展示。
4. 比赛项目:
(1) 送玩具宝宝回家(男女两组);
(2) 风火轮表演;
(3) 障碍接力;
(4) 跳绳表演;
(5) 家长带跳表演。
5. 颁奖。

活动评析

通过运动会,大班幼儿的体育活动兴趣更加浓厚,积极性都被调动起来,参与的热情非常高涨。同时给家长与幼儿共同参与比赛的机会,使幼儿进一步体验合作的乐趣与家庭之中的爱的感受。通过运动会,同时也展示了幼儿园丰富的活动,幼儿在园中所感受的学习、生活、艺术的氛围,对幼儿和幼儿园的发展都有好处。

在活动之中同样也存在着许多不尽如人意的地方,如活动场地的规划应再调整,使家长与幼儿都能有效地观看比赛,有良好的秩序;亲子游戏可以再丰富一些。

活动设计

冬季趣味运动会(大班)

活动目标

1. 能积极参与运动会的筹备活动,能遵守规则并坚持完成运动会项目,锻炼耐力。
2. 体验运动会,感受亲子游戏、团队项目以及集体合作所带来的快乐和成就感。

活动准备

1. 师幼集体讨论,共同商讨运动会计划,如运动会时间、分工、场地划分、比赛项目等。
2. 教师和幼儿根据共同制订的计划进行准备,教师提供适当的引导和帮助,幼儿可按照不同能力进行分组。例如:第1组负责制作宣传海报,进行赛前动员;第2组负责设计、制作奖牌和奖状;第3组负责准备活动器械、规划场地以及人员安排;每个幼儿设计制作一张邀请卡,邀请家长参加运动会。
3. 各游戏比赛活动器械和场地示意图,裁判员记录表,音乐。

活动过程

1. 组织运动会开幕式,引导幼儿了解运动会开幕的程序,初步感受运动会的精彩。
(1) 组织开幕式的相关活动,如组织运动员入场、升国旗仪式、致开幕词、宣布安全和竞赛要求等。
(2) 带领幼儿做准备活动。分组带领幼儿做走、跑、跳、钻、爬等交替动作,进行准备活动。
2. 鼓励幼儿积极参加运动会,遵守规则,坚持完成游戏活动,促进基本动作技能的发展。
(1) 按照运动会程序分别进行趣味运动会竞赛性游戏和亲子竞赛性游戏。

活动中,教师抓拍幼儿在游戏中努力冲刺、坚持完成比赛、亲子或同伴相互配合和帮助以及颁奖典礼等瞬间,为分享、交流作准备。
(2) 颁奖典礼。为获胜者颁发事先制作的奖牌、奖状等,体验胜利的喜悦。
3. 回顾总结趣味运动会,感受运动员们努力拼搏、坚持到底的精神。
(1) 引导幼儿交流运动会过程中的难忘回忆。

提问:运动会期间,你印象最深的是什么事? 你为运动会做了哪些准备工作? 你参加了什么项目? 取得了什么成绩?
(2) 教师出示抓拍的照片,重点引导幼儿欣赏竞赛中努力拼搏、坚持到底的画面。

提问:这是谁? 他在做什么? 为什么就剩一个人了他还在继续跑?

小结:做事情只要尽力,坚持到底,就算是最后一名也很光荣。
(3) 请幼儿用绘画的形式表征运动会中最难忘的事情。

活动延伸

用拍摄的照片及海报、奖牌、奖状等布置"冬季趣味运动会"展区。

活动评析

冬天天气寒冷,部分幼儿缺少参与体育锻炼的勇气,而冬季运动会作为一种特殊的户外体育活动方式,对于幼儿来说既有趣味性又有挑战性。本活动充分调动了幼儿参与的积极性,在师幼共同制订活动计划的基础上,分组准备项目、制作海报和邀请卡、规划场地等。通过参与活动,激发幼儿参与体育活动的兴趣,达到提高动作技能、锻炼身体的目的,以提高儿适应环境变化的能力,感受坚持到底和拼搏精神的可贵,培养幼儿不怕困难的品质。

(六)体育谈话

利用饭后、睡前或活动间隙,采用集体、小组或个别形式进行体育活动的谈话。谈话的内容大致包括:介绍粗浅的体育知识,如动作要领、球赛知识、比赛规则等;介绍幼儿体育活动情况(尤其是身边的事),帮助幼儿克服困难,交流经验;介绍电视新闻、报纸杂志中的体育新闻热点,如奥运会的夺金项目、明星事迹等,萌发幼儿爱祖国的感情,初步形成为国争光的意识。

(七)家庭体育活动

关心幼儿的健康成长是家长的责任和义务,家园应该密切配合,共同对幼儿进行身心健康教育工作,科学地开展家庭体育活动。家长和孩子一起做操、玩游戏,不仅能锻炼身体,同时也能增进情感。家长在活动中还可以抓住时机对孩子进行了解、引导和教育工作。

家长应尽力为孩子创设较好的卫生环境,为孩子提供优质的伙食营养条件,同时让他们养成良好的生活习惯和锻炼身体的习惯。在此基础上,家长可以选择多种家庭体育活动内容,提高锻炼的效果,达到增强体质的目的。

2019年世界卫生组织发布了有关幼儿接触电子屏幕时间的建议报告。报告建议,2岁以下幼儿不要接触任何电子屏幕,2—5岁幼儿每天接触电子屏幕的时间不能超过1小时。《世界卫生组织:为了健康成长,儿童需要少坐多玩》的报告建议称,5岁以下儿童要想健康成长,必须减少坐下来看屏幕,或被限制在婴儿车和座椅上的时间,应当获得更高质量的睡眠,并有更多的时间积极玩耍。因此,家长应开展家庭体育活动加强身体锻炼,多带幼儿外出体验大自然,鼓励幼儿多结交朋友,让幼儿拥有健康的体魄。

(1)积极开展家庭体育游戏活动。家长可以和孩子一起玩发展基本动作和提高身体素质的游戏,如"看谁跑得快""小推车""坐着传球""拍球比赛"等游戏,也可以和孩子玩羽毛球、足球、乒乓球、游泳、滑冰、跳绳、跳皮筋等游戏。

(2)家长和孩子一起做体操。根据孩子的年龄特点可以选做模仿操、亲子操、器械操等。

(3)用双休日、节假日带孩子旅行、远足等。家长多带领孩子到大自然中活动,如赶海、爬山、玩雪、捡树叶等,有条件的可以带孩子游览祖国的大好河山,从中孩子也会锻炼身体,增强体质。

(4)在日常生活中,家长可以和孩子在户外一起散步、玩沙、玩水等。

【附家庭亲子体育游戏案例】

1.游戏名称:走钢丝

目的:能在绳子上行走,锻炼协调能力和平衡能力。

准备:在地上画一条线或放一根长绳子。

玩法:爸爸或妈妈与孩子一起站在绳子的一段往另一端走,走到终端后再走回来。走到绳子中间还可以模仿杂技演员,如用一只脚在绳子上独立站一会儿。

2.游戏名称:揪尾巴

目的:练习追逐跑的能力,体验和爸爸妈妈追逐的乐趣。

准备:用布条做的尾巴,场地上画好大圈。

玩法:爸爸或妈妈和孩子都把布尾巴的一端夹在背后,家长和孩子在圆圈内互相追逐揪尾巴,开始先让孩子抓爸爸或妈妈的尾巴,然后互换角色游戏。

3.游戏名称:推小车

目的:锻炼臂力,能和爸爸妈妈协调配合玩游戏。

准备：彩色泡沫拼图、软垫子或地毯。

玩法：孩子趴在泡沫拼图或地垫上，双臂撑起。家长抓住孩子双脚踝部分，向前推或向后拉，幼儿顺势向前或向后挪动双手，小车就"开"起来了。每次"开"小车的时间不宜太长，注意随时观察孩子的反应，一旦发现孩子表现出吃力的现象，立即停止游戏。

4. 游戏名称：抛接球

目的：练习抛球和接球，锻炼幼儿的反应力和灵活性。

准备：皮球，宽敞的空地。

玩法：先在宽敞的空地上画出一个大圆圈，爸爸、妈妈和孩子分别站在大圆圈外。先由第一个人站在圆圈内，其余人站在圆圈外。站在圆圈内的人边向上抛球边叫圆圈外的人的名字，被呼叫者立即进入圈中接球。接球失败者，需表演一个节目，然后与前一个抛球的人交换角色，重复游戏(对于较小一些的孩子，可以允许接反弹起来的球)。

5. 名称：小球踢踢

目的：能把球踢到指定的地方，体验和爸爸游戏的乐趣。

准备：一个小足球。

玩法：爸爸和孩子面对面站立，让孩子想办法用脚将球踢进爸爸的两腿之间。开始时，爸爸的两腿分开间距要大些，距离孩子要近些，随着孩子水平的提高，爸爸两腿分开的间距逐步缩小，离孩子的距离渐远。

二、学前儿童体育活动应遵循的规律

体育活动需要幼儿的身体直接参与，应分析幼儿在体育活动过程中生理和心理的变化特点及其影响因素，考虑幼儿身体及动作在运动过程中的变化特点，在幼儿体育活动设计中，应遵循两个规律：一是人体生理机能活动能力变化的规律；二是动作机能形成的规律。

(一)人体生理机能活动能力变化的规律

人体在运动过程中，生理机能能力是不断变化的，而且有一定规律。一般在开始时，能力逐步上升，然后达到和在一定时间内保持较高的水平，最后又逐渐下降。这个过程可分为上升、平稳和下降三个阶段，这个变化过程是一个客观规律(图5-60)。

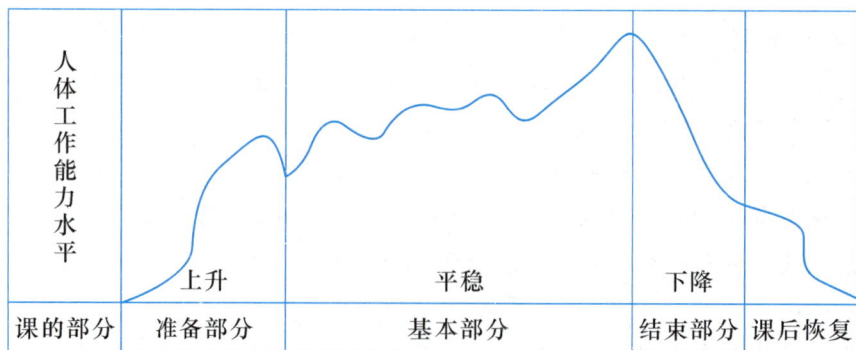

图 5-60

1. 上升阶段

这一阶段的主要任务是用较短的时间将幼儿组织起来，集中他们的注意力，吸引和激发幼儿参与活动的愿望和积极性，使幼儿在身体运动前做好心理和生理上的准备，并通过一些准备性的身体活动,提高机体的活动能力,以适应运动量较大的身体活动。

上升阶段应做好以下两方面的准备。

（1）生理与心理上的适应性准备。幼儿在知道要进行体育活动时,大部分幼儿都会有积极的适应性反应,表现为兴奋、激动、情绪高涨、积极踊跃。这些变化促使幼儿的心跳加快,血液中的葡萄糖含量也会增加,能加速身体各个器官克服惰性,使机体的活动能力较快地上升,以适应即将开始的身体活动。但是,也有一部分幼儿的反应是消极的,表现为焦虑不安、胆怯退缩、动作迟缓等,产生这些反应的原因有很多,有些是生理上的原因,如残疾、肥胖、疾病等,有些是心理上的原因,如胆小、动作比较笨拙、缺乏自信、孤僻等。

教师应注意观察每个孩子的反应,对于那些具有消极反应的儿童,应注意培养他们参加体育活动的兴趣和信心,科学的运动教育技巧、语言艺术及体育环境的创设,引导和鼓励幼儿,激发幼儿参加活动的积极性和自觉性,使幼儿能积极主动、心情愉快地投入体育活动中去。

（2）必须做好准备活动。主要目的是帮助幼儿逐步克服身体各器官的惰性,提高机体的活动能力,使之较快地上升到较高水平,以适应较大的活动量的身体活动。对于幼儿来说,身体器官的惰性较小,机体的活动能力上升较快,所以,准备活动时间要短,运动负荷增加要稍快。

准备活动的内容,可以是一般性的准备活动,主要是促进幼儿身体全面发展,使全身各主要肌肉群、关节、韧带都得到充分的活动;也可以是专门性的准备活动,如进行跳绳前,专门性地活动下肢部位的肌肉、关节、韧带以及参与活动的肩带部位,以防止正式参加活动时被拉伤或受损伤。

幼儿体育活动一般负荷量较小,不需要严格区分一般性及专门性准备活动,形式也可以丰富多彩,如模仿操、游戏和歌舞表演等。

2. 平稳阶段

这一阶段中,幼儿各器官的活动能力已经逐步达到了较高水平,人体工作能力处于最佳状态,大脑皮层具有最适宜的兴奋性。这时,身体运动的效率高,能适应一些较剧烈的运动,而且,学习和练习动作的效果也较好。由于幼儿神经细胞和肌肉组织都较容易疲劳,所以保持相对较高水平的时间也短。但如果幼儿在此阶段中情绪愉快,再加上活动量不是很大,那么幼儿的疲劳现象出现得也会晚一些。这一阶段持续的时间长短因人而异,与每个人的年龄、体质状况、心理状态以及活动的具体情况有关。

根据这个规律和幼儿的特点,教师可以将运动强度较大的或难度较大的内容安排在此阶段中,同时应注意活动内容与方式的多样化,注意动与静的交替,急与缓的结合,身体不同部位的练习也应交替进行,运动负荷的安排要逐步加大和有节奏,以激发和保持幼儿积极高昂的活动情绪。

3. 下降阶段

幼儿经过一段时间的身体运动后,尤其是在进行较大的活动量的运动之后,体内消耗的能量较多,身体开始出现疲劳的感觉或现象,机体的活动能力逐渐下降。此时,教师应组织幼儿逐渐地结束活动。可安排简单的、动作比较缓和的活动性游戏等。尤其是在较剧烈的运动之后,更应重视这一环节。它有利于消除幼儿身体疲劳,使幼儿的身体得到放松,促使能量的恢复,并使幼儿的情绪逐渐平稳下来,有益于幼儿的身心健康以及随后活动的安排。

在幼儿体育活动中,身体生理机能活动变化在上述三个阶段中有所不同:上升阶段短而快;平稳阶段延续时间较短,承担急剧变化的能力较低;下降阶段恢复较快。

（二）动作技能形成的规律

动作技能也称运动技能,是指人体在运动中,掌握和有效地完成专门的动作能力,或指按一定的技术要求完成动作的能力。

动作技能的形成是一个复杂的过程,是条件联系的建立与巩固的过程。激发活动者的兴趣,提高其活动的积极性,使大脑皮层处于最适宜的兴奋状态,并且具备掌握该动作所需的基本素质和技能,是形成动作技能的重要条件。

实践证明,动作技能的形成与提高,大致包括相互联系的三个阶段:粗略地掌握动作;改进提高动作;动作趋于巩固、运用自如等。要加速幼儿掌握动作技能的过程,取得动作技能形成的良好效果,就必须遵循动作技能形成的规律。

1. 粗略地掌握动作阶段

此阶段的主要特点是:对动作有了初步印象,大脑皮层的兴奋过程广泛扩散,内抑制不够,因而在动作上表现出肌肉过分紧张而不协调、不准确,有多余动作,做动作有力不从心的感觉,肌肉感觉迟钝,主要依靠视觉表象来控制和调节动作。

教学中,首先要激发幼儿学习兴趣,鼓励其学习信心。对胆小、体能差的幼儿更要给予鼓励和帮助;要抓住动作的主要环节进行必要的示范和讲解,使幼儿对动作的整体性有一个初步的、全面的直觉和印象;要给幼儿提供较多的练习机会,让幼儿亲自去体验和实践,初步学会动作,不要过多强调动作的细节或者过多纠正幼儿的错误动作。

2. 改进和提高动作的阶段

此阶段的主要特点是:经过反复练习和观察分析示范动作,以及听老师的讲解,初步形成了动作概念。大脑皮质兴奋和抑制过程逐渐集中,特别是分化抑制有了发展,由泛化进入分化。在练习过程中,动作比较放松、协调、连贯和准确,多余动作逐渐消失。但动作还不够熟练和巩固,遇到新的刺激动作易变形,多余动作又会出现。

教学中,教师应运用多种教法,帮助幼儿掌握动作的细节部分和技术关键,逐步建立正确的动作概念;此阶段幼儿掌握动作程度有明显差别,要针对不同情况,找出错误原因及改进办法,通过反复实践和练习,使幼儿能轻松自如地、协调正确地完成工作,使动作日渐完善。

3. 巩固和运用自如阶段

此阶段的主要特点是:动作概念明确,大脑皮层兴奋和抑制的过程更加集中,动作的动力定型已牢固地建立,动作协调、准确、熟练,在复杂变化的条件下能较为熟练运用。

教学中,要继续巩固和提高已掌握的动作,经常加以复习和巩固,不断变化练习条件和动作组合,使动作更加熟练和不断提高;根据幼儿运动能力发展水平和具体情况改进动作细节和提高身体素质,以不断提高动作质量。

上述三个阶段是有机联系的,阶段划分是相对的,各个阶段之间并没有明显的界限,是逐步过渡、逐步发展的。每个阶段的出现、持续时间的长短,与幼儿的水平、特点以及教材的内容、教师的教学方法有很大的关系,不能统一规定、要求。教学工作应从实际出发,灵活运用并遵循此规律。

三、学前儿童体育活动应注意的问题

设计幼儿体育活动,应根据幼儿生理、心理的发展水平及幼儿园体育活动特点进行。如何使所组织的活动适合幼儿并有成效,要注意以下六个方面的问题。

(一)日常性

日常性的含义是幼儿体育活动应该合理安排在幼儿的每日生活的各个环节。《纲要》中明确规定:"幼儿每日户外体育活动不得少于一小时。""幼儿教师必须让幼儿在户外进行各种体育活动,使他们的身体得到锻炼。"

在每周一次的体育课中,只能重点指导幼儿正确地练习各种基本动作,教授新操节和新的体育游戏,而大量的复习、练习、巩固和提高,特别是身体素质的练习,必须重复安排在日常户外活动时间进行。首先,注意每日都应该让幼儿进行适当的体育活动。每日在早操及户外活动时间里,让幼儿适当地参加一些体育活动,满足幼儿身心发展的需要,提高机体的适应能力,激发幼儿愉快、积极的情绪,使幼儿活泼开朗,精神饱满;其次,注意幼儿一日生活中动与静的交替安排,为了保证幼儿的身体健康,避免幼儿神经细胞过于疲劳,在幼儿较安静或活动之后,尤其是智力活动以后,应该安排幼儿参加一些体育活动,从而使幼儿的生活有节奏、有规律,富于变化。

(二)适量性

适量性的含义是指幼儿体育活动的运动负荷(活动量)要按幼儿的生理、心理特点进行设计。人体功能的改善与提高,必须在适当的运动负荷的刺激下才能实现。负荷量的大小,直接影响到幼儿身体的发育与发展,影响到幼儿体育活动的成效。若运动负荷过小或停留在同一水平上,则人体的机能就不能进一步得到提高,增强体质的效果也不大,也不利于动作技能的掌握;若运动负荷增加过猛、过快,运动的刺激超出了幼儿身体所能承受的限度和范围,不仅不能增强体质,反而有损于幼儿身体正常的发育,甚至有害健康,还会降低幼儿对体育活动的兴趣,对练习产生畏难情绪,丧失信心,有时还会发生伤害事故。只有适宜的活动量,才能使幼儿的身体承受适宜的生理负荷,从而有效地增强幼儿身体器官、系统的适应性,提高幼儿机体的功能,促进幼儿的生长发育和身体健康。

在身体运动过程中,人体不仅要承受一定的生理负荷,而且也要承受一定的心理负荷。因为身体的运动并非单纯的人体运动,它还伴随着人的认知、情感和意志等方面的心理过程。影响幼儿的心理负荷的因素是多方面的,主要包括:心理活动的强度和时间,如注意的强度及持续的时间、记忆的质量与广度、思维的水平、意志的努力、情绪的变化等;还有教材内容的难易程度;教师的教态、教育方式方法、教学的环境及用具等。

教学中,首先要合理地制定体育活动计划,并认真组织每次活动。不仅要合理搭配体育活动内容,还要根据不同季节、场地器械条件等因素,使体育活动各方面的工作均贯彻适量性原则;其次,要注意保持幼儿适度的心理负荷。活动过程中,幼儿的心理负荷不应过大,教师要充分发挥和利用身体运动对儿童心理发展的价值,以达到身心和谐发展的目的。

(三)多样性

多样性的含义是幼儿体育活动的组织形式应该是多种多样的,选用的指导方法也要丰富多彩。它的作用主要有两个:一是充分发挥各种组织形式和指导方法的优势,更好地完成体育活动任务;二是通过运用多种形式和方法,提高和激发幼儿参加体育活动的兴趣性、积极性和主动性,丰富幼儿的生活。

幼儿园最常见的体育活动组织形式有早操、体育课和户外体育活动,还有区域活动、室内活动、体育游戏、小型运动会、远足和短途旅行等,他们都具有各自的特点、任务和目标,任何一种组织形式都不可能完成全部的幼儿体育活动任务,必须依靠多种组织形式的相互补充和相互配合,才能丰富幼儿的生活,扩大幼儿的视野,更好地促进幼儿身体的发展和心理的健康,共同实现幼儿体育活动的目标。

各种幼儿体育活动的组织形式都带有一定的局限性,同时又都具有一定的价值,无所谓好坏、优劣之分,关键在于能互相补充、相互配合、相互促进,以求全面实现幼儿体育活动的任务,促进其身心和谐的发展。因此,幼儿体育活动的组织形式应该是丰富多彩的。

(四)循序渐进

循序渐进的含义是指教学的内容、方法和运动负荷等方面的安排,都要根据人们认识事物的规律,由易到难,由简到繁,逐步深化,不断提高。

在安排教学内容时,首先,要注意方式方法,要由易到难,由简到繁。教学过程中,简和繁、易和难都是相对的,同一内容,对身体发展水平不同和掌握动作程度不同的幼儿来说,就有不同的感受。因此,教师要紧密联系实际,全面考虑,统筹安排,以达到全面发展的目的。其次,教学内容要有系统性。要注意教学内容的互相联系性和连贯性,做好计划备好课,新授教材和以前学过的内容合理搭配,达到逐步提高的目的;再次,要有节奏地、逐步提高运动负荷。在体育活动过程中,要特别注意负荷的加大是渐进的,它是贯彻循序渐进原则的重要体现。根据人体发展的规律和超量负荷原理,运动负荷由小到大、由弱到强,可以使机体产生良好的适应性;不同负荷的体育活动内容可以有节奏地按照人体生理机能活动变化的规律进行安排在一学年、一学期或一定的活动阶段,运动负荷应该保持一种总的提高趋势。

(五)兴趣性

幼儿园体育活动主要是通过幼儿感兴趣的体育游戏或游戏的其他形式进行的。体育游戏既是教材,又是手段。我们在设计幼儿体育活动中,首先应考虑到根据不同年龄幼儿的特点,选择教材,研究教法,有目的地发展幼儿各项基本动作技能,提高幼儿参加体育活动的积极性、主动性和兴趣,促进幼儿身体的正常发育,增强体质,全面锻炼幼儿身体。例如,在基本体操的教学活动中,就可以创编一些模仿操,对各种动物的动作进行模仿,还可以增加角色的表情和故事情节,使做操过程更具有趣味性,从而引起幼儿学习的兴趣。因此,在幼儿体育活动设计中合理运用兴趣性原则,是调动幼儿积极主动学习和活动的一个重要手段。

(六)安全性

安全问题是体育锻炼中最重要的问题,由于幼儿体力较弱,独立活动能力较差,缺乏运动经验,特别是运动中卫生和安全的教育,自我感觉和反应能力低,情绪高涨时容易忽视安全和遵守规则,因此,安全问题在幼儿体育教学和其他体育活动中显得更为重要。必须采取必要的安全措施,防止发生伤害事故。《标准》在专业知识维度中指出:幼儿园教师要熟知幼儿园的安全应急预案,掌握意外事故和危险情况下幼儿安全防护与救助的基本方法。

教学和活动中,要从思想上重视,认真钻研教材,了解运动卫生知识,研究伤害事故产生的原因和规律;制定必要的制度、规则,并教育幼儿认真遵守。如玩攀登架、滑梯等运动器械的规则,还可在醒目位置悬挂提示语等;活动中注意运动生理卫生,活动时要掌握正确的呼吸方法,运动负荷要适量、注意个体差异,饭前饭后不做剧烈活动等;选用的运动项目性质和动作的难度要符合幼儿年龄特点和活动能力;加强组织教法的严密性,如投掷时不要面对面投,从高处向下跳、爬越障碍时要进行保护或帮助,场地小、人数多可采用分组练习、依次练习等方法,以免发生碰撞。幼儿情绪激动时或注意力分散时要及时加以调节;注意场地、器械、服装、环境方面的安全卫生等。保证场地平坦、不起尘土,各种器械齐全、清洁、牢固,不应带有尖、棱角,检查幼儿服装,不穿过多过厚衣服,裤带、衣扣系牢,口袋里不装硬物等。

四、《指南》中提出的动作发展方面的教育建议

幼儿园教师对《指南》中提出的动作发展方面的教育建议的理解和实施时,不要将前面所讲理论孤立和隔离,在组织具体的体育活动时,要结合前面讲过的应注意的问题,一并考虑。

(一)具有一定的平衡能力,动作协调、灵敏的教育建议

(1)利用多种活动发展身体平衡和协调能力。如:
- 走平衡木,或沿着地面直线、田埂行走。
- 玩跳房子、踢毽子、蒙眼走路、踩小高跷等游戏活动。

(2)发展幼儿动作的协调性和灵活性。如:
- 鼓励幼儿进行跑跳、钻爬、攀登、投掷、拍球等活动。
- 玩跳竹竿、滚铁环等传统体育游戏。

(3)对于拍球、跳绳等技能性活动,不要过于要求数量,更不能机械训练。

(4)结合活动内容对幼儿进行安全教育,注重在活动中培养幼儿的自我保护能力。

(二)具有一定的力量和耐力的教育建议

(1)开展丰富多样、适合幼儿年龄特点的各种身体活动,如走、跑、跳、攀、爬等,鼓励幼儿坚持下来,不怕累。

(2)日常生活中鼓励幼儿多走路、少坐车;自己上下楼梯、自己背书包。

（三）手的动作灵活协调的教育建议

（1）创造条件和机会，促进幼儿手的动作灵活协调。如：

➤ 提供画笔、剪刀、纸张、泥团等工具和材料，或充分利用各种自然、废旧材料和常见物品，让幼儿进行画、剪、折、粘等美工活动。

➤ 引导幼儿生活自理或参与家务劳动，发展其手的动作。如练习自己用筷子吃饭、扣扣子，帮助家人择菜叶、做面食等。

➤ 幼儿园在布置娃娃家、商店等活动区时，多提供原材料和半成品，让幼儿有更多机会参与制作活动。

（2）引导幼儿注意活动安全。如：

➤ 为幼儿提供的塑料粒、珠子等活动材料要足够大，材质要安全，以免造成异物进入气管、铅中毒等伤害。提供幼儿用的安全剪刀。

➤ 为幼儿示范拿筷子、握笔的正确姿势以及使用剪刀、锤子等工具的方法。

➤ 提醒幼儿不要拿剪刀等锋利工具玩耍，用完后要放回原处。

活动设计

小小消防员（大班）

活动视频

活动目标

1. 掌握双膝悬垂的动作要领，练习跨越、平衡走、快速跑的动作。

2. 能灵活运用合适的动作，自主探索横向、纵向过高低杠的方法。

3. 感受成为一名消防员的快乐，初步形成战胜困难、勇敢坚强的意志品质。

活动重点

掌握双膝悬垂的动作要领，练习跨越、平衡走、快速跑的动作。

活动难点

能灵活运用合适的动作，自主探索横向、纵向过高低杠的方法。

活动准备

1. 物质准备：高低杠4组（靠近头部位置软包）、轮胎若干、自制灭火水枪、火焰图示、汗背巾若干、各环节音乐。

2. 经验准备：对消防员的工作有初步的了解。

活动过程

一、"消防员来操练"——带领幼儿在游戏情境中热身，练习上肢及腿部力量

1. 引出"小小消防员"角色，引发游戏兴趣。

教师将幼儿带入情境：你们知道消防员吗？消防员是干什么的？消防员可不是谁都能当的，让我们操练起来，把自己训练的像铁人一样吧！

2. 分层热身，活动四肢，重点练习上肢动作。

（1）"消防员操练"热身：走、跑等动作围圆热身。

（2）"消防员穿装备操"热身：活动头、肩、肘、膝等关节。

（3）"轮台阵"热身：练习跨跳、搬抬轮胎动作，重点练习上肢力量。

（4）"消防员灭火"热身，变换方位快速反应，活动全身。

二、"穿越绳索我当先"——引导幼儿自主探索纵穿绳索的方法

1."横向穿越高低杠"——引导幼儿初次探索穿越的方式。

关键提问:你们可以用什么方式横向快速穿越?

教师小结:有从上方翻越的,有从下方钻爬的,你们的办法可真多!

2."纵向穿越高低杠"——引导幼儿探索双膝悬垂平移的动作。

(1)幼儿自主探索纵向穿越的方法。

关键提问:怎样用双脚离地的方式穿越绳索?

(2)幼儿示范双膝悬垂平移的动作。

教师请双膝悬垂通过绳索的幼儿示范:刚才有位消防员使用低姿势过绳索的方式躲避浓烟,我们来看看他的动作是怎样的?

教师小结:双手紧握高绳索,将腿搭在低绳索,我们一起来试试吧。

(3)幼儿集体尝试完成双膝悬垂动作20秒。

三、"火场英雄来挑战"——引导幼儿按规则游戏,在游戏中能坚持不懈勇于挑战

1.教师讲述游戏规则,幼儿第一次竞技游戏。

介绍游戏规则:幼儿需双膝悬垂通过绳索、跨越障碍、平稳走过废墟、拿起灭火器灭火并快速返回,与下一名消防员击掌后,站到队伍最后。

游戏后教师提问:有的消防员穿越绳索速度非常快,他是怎样做到的?

教师梳理、提升经验:双手紧握绳索,手脚同时移动,动作幅度要大才能快速穿越。

2.幼儿尝试用双膝悬垂动作加速通过高低杠的方法,参与第二次竞技游戏。

教师巡回指导,关注幼儿动作,并根据问题即时指导点评。

3.增加游戏难度,幼儿争分夺秒在黄金抢救时间内完成救援任务。

导语:救援速度很关键,要在黄金抢救时间内完成救援任务,才能保证大家安全,消防员你们能做到吗?我们来比一比,哪一组消防员用最短时间完成救援任务。

游戏小结:消防员团结一心,每位消防员都全力以赴地完成救援任务,祝贺你们成功将大火熄灭,现在让我们一起庆祝一下吧!

四、"巧扮火苗来放松"——放松全身肌肉、调整呼吸

教师引导幼儿变成小火苗,小火苗跟随风变化各种形态(大、小、左、右、晃动、翻滚)直至将火熄灭。

活动评析

大班幼儿身体发育逐步加快、活动能力明显增强,喜欢尝试富有挑战性的活动。但多数幼儿上肢力量缺乏、手部抓握能力较弱。《指南》中提出:利用多种活动发展身体平衡和协调力;能双手抓杠悬空吊起。本活动通过在游戏情境中不断挑战、完成任务的方式,弥补了日常教学中此动作的缺失,达到锻炼幼儿上肢力量的目的。

在幼儿的眼中消防员是最了不起的人,是他们争相模仿的对象。活动中将"消防员操练""消防员救火"的游戏情境贯穿始终。在角色扮演中,鼓励幼儿大胆尝试穿越绳索的不同方式,做出双膝悬垂的动作,培养幼儿敢于战胜困难、勇敢坚强的意志品质。

注重教学游戏情境化,设计中体现"趣"。在活动中教师始终以游戏为教学手段,运用消防员的情境巧妙地将"热身——探索——游戏——放松"四大环节有机串联。热身环节,在消防员操练中调动起幼儿全身的运动细胞,自编街舞热身操在穿消防装备过程中,锻炼了幼儿肩部和腿部力量;轮胎阵里的集训,在趣味翻滚和跳跃轮胎中锻炼了腿部和手部的力量。有了热身的准备为后面游戏活动做好充足准备。在游戏中以消防员救援的情境贯穿。放松环节以"燃烧的小火苗"情境使幼儿得到充分

的放松。整个活动可以说趣味不断。

鼓励幼儿自主探索学习,游戏中体现"探"。通过剖析《指南》填补了悬垂目标在活动中的空白。在查阅本体知识后,最终将动作定位为双膝悬垂,定做了悬垂的游戏器械。在活动中教师鼓励幼儿勇敢探索横向、纵向两种穿越绳索的方法,并大胆让孩子们尝试探索悬垂的动作,在整个过程中没有教师的示范与牵引,完全是放手让孩子们在游戏中探索学习。

场地的巧妙移动,展现教师的"智"。教师善用教学智慧巧妙地规划场地与道具,热身时的鱼贯式调动,游戏中轮胎从热身道具到游戏时的障碍物。教师带领幼儿灵活地穿越于活动的各个角落,让幼儿在游戏中步步有惊喜,处处有挑战,较好地展现了教师的教学智慧。

活动设计

好玩的绳圈(中班)

活动目标

1. 能双脚跳过自己摆放的不同形状的绳圈(重点)。
2. 会一物多玩,并能用简单的语言表达,发展创造力。
3. 愿意与同伴合作玩,体验共同游戏的乐趣。

活动准备

绳圈若干,天线宝宝头饰,烤面包图片,录音机,磁带。

活动过程

一、准备活动

与天线宝宝一起做全身运动,激发幼儿参与活动的兴趣。

教师边喊口令边与幼儿做运动,如头部运动、弯腰、屈臂等。重点练习跳和上肢的动作。

师:跳、跳,天线宝宝除了原地跳以外还可以怎样跳?

引导幼儿向前跳、向后跳、向左跳、向右跳、单脚跳等。

师:绕绕臂,天线宝宝绕绕臂还可以怎样绕?

引导幼儿绕臂。

二、导幼儿设计不同形状的绳圈,练习双脚跳

1. 师:宝宝们,看地上有什么,看起来像什么?

教师扮演小波示范双脚跳绳圈:"小波本领可大了,他能跳过绳圈摆的小池塘。"

教师强调双脚跳的要领:双脚并拢大胆向前跳。

请天线宝宝练习双脚跳过小池塘。

2. 请幼儿自己摆不同形状的绳圈练习双脚跳。

教师及时鼓励幼儿不同的摆法,并引导幼儿多次尝试。

3. 与教师一起跳同伴摆的小山、小河、小沟(图5-61)。

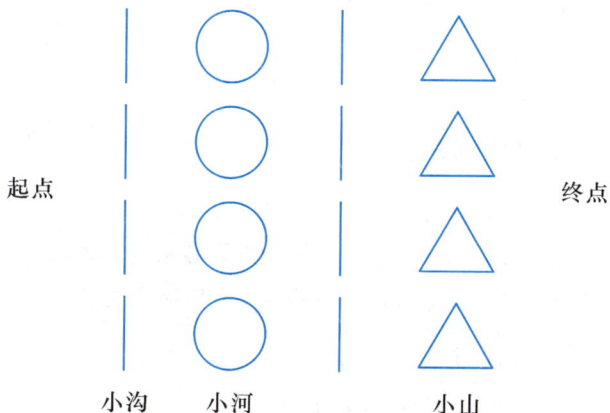

图 5-61

4. 请天线宝宝分组合作把自己的绳圈摆成不同形状,交换练习双脚跳。

(1) 请幼儿分成四组摆绳圈。

(2) 幼儿介绍自己摆出的绳圈像什么。

(3) 幼儿与教师一起跳各组摆的绳圈。

5. 游戏"寻找宝宝烤面包"。

(1) 教师以游戏的口吻引起幼儿找烤面包的兴趣。

(2) 介绍游戏路线及规则。

(3) 幼儿寻找烤面包,小结跳过障碍的情况。

(4) 提新的要求,返回宝宝乐园。

三、继续探索绳圈的多种玩法

师:刚才宝宝会双脚跳绳圈了,其实绳圈可以玩出好多花样,你们再玩玩看还可以怎样玩。

要求幼儿边玩边说,教师及时小结并引导幼儿模仿新的玩法,鼓励幼儿想出不同的玩法,和幼儿合作玩绳圈。

四、放松活动

与天线宝宝自由地跳跳舞放松一下。

活动延伸

在户外活动中继续探索绳圈的多种玩法。

活动评析

活动以天线宝宝为主角贯穿游戏始终,孩子们对活动的积极性很高,他们探索出了多种绳圈的摆法、玩法。如把绳圈摆成自己喜欢的动物、水果、物品、小路进行双脚跳;把绳圈打开,玩捉尾巴、钻山洞、跳高、追蛇等游戏。身体各部分动作都得到了锻炼,同时培养了幼儿一物多玩的能力,发展了创造力。在与同伴合作摆绳圈、跳绳圈的过程中幼儿体验到了合作游戏的乐趣。在今后的活动中还可以引导幼儿继续探索绳圈的多种玩法。

活动设计

萝卜回来了(中班)

活动目标

1. 练习双脚在直线两侧行进跳。

2. 增强动作的灵活性。

3. 培养相互关心的良好品德。

活动准备

1. 幼儿熟悉故事《萝卜回来了》。

2. 小黑兔、小白兔、小灰兔头饰各若干,硬纸卡做的萝卜若干个(数目是幼儿人数的1/3);场地布置见图5-62。

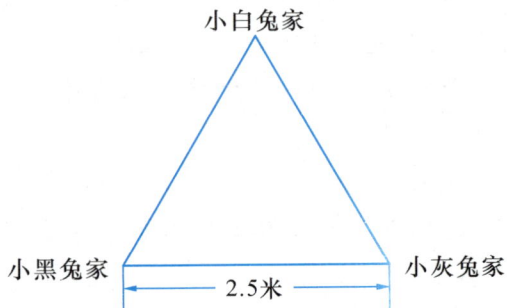

图 5-62

活动过程

一、准备活动,交代任务

1. 教师交代任务:"今天妈妈要带孩子们出去玩,我们一起做游戏吧。"

2. 小兔戴上头饰找朋友结伴跟着音乐游戏：拉大锯、推小车、摇小船、拾蘑菇等。

二、师生共同游戏

1. 师：跟着妈妈一起练本领吧！

教师示范、讲解动作要领：双脚并拢向前，在直线两侧行进跳，前脚掌轻轻落地。幼儿分组练习2—3遍。

2. 在幼儿练习时，教师注意纠正幼儿的错误，个别指导。

3. 幼儿分成人数相等的三组，各站成一路纵队站在自己家里。

4. 兔妈妈对小白兔说："我们种的萝卜长得真好，现在先送给小黑兔吃好吗？"小白兔拿着萝卜一个跟着一个双脚在直线两侧行进，跳向小黑兔的家，把萝卜送给小黑兔后，回到自己的家里。

5. 依次进行，最后萝卜回到小白兔家，兔妈妈高兴地说："孩子们能相互关心妈妈真高兴，现在请你们一起吃萝卜吧。"小兔子一起跳到中间，吃萝卜，游戏结束。

6. 重新开始游戏，依次换作小黑兔、小灰兔先送萝卜。

三、结束部分

1. 教师做活动评价，鼓励跳得好的孩子。

2. 兔妈妈说："你们今天相互关心真好呀，妈妈就再带你们做个游戏吧。"音乐响起，一起跳舞做"找朋友"游戏。

活动评析

在讲述完故事《萝卜回来了》以后进行游戏，便于幼儿理解游戏内容和熟悉游戏玩法、规则。在做小兔跳的时候，幼儿对于把手放在头顶向前行进跳，感到非常不舒服，动作也不好看。在我们经过体验以后，将这一动作改为放在胸前较为合适。游戏在宽松愉悦的氛围中进行，幼儿再一次感受到相互之间的关心所带来的美好感觉。

思考与练习

1. 收集小、中、大班体育游戏各一份（要求：包括走、跑、跳、投掷、钻爬、攀登、平衡等内容）。

2. 怎样组织和指导幼儿体育游戏？

3. 组织幼儿体育游戏时应注意哪些问题？

4. 创编幼儿体育游戏的基本原则和方法有哪些？根据已学的创编理论知识、范例，创编一个体育游戏（班次自选）。用创编的游戏进行试教（要求：对游戏的整个组织过程进行试教，包括环境布置、教具准备、喊口令、讲解游戏方法和规则、动作示范、讲评等）。

5. 组织和指导幼儿排队、变换队形应注意哪些问题？

6. 选编幼儿体操应注意哪些要求？根据已学的创编理论知识、范例，创编一套幼儿操（要求：班次、内容不限，6—8人一组讨论创编方案，最后写成文字说明和图解）。

7. 幼儿体育活动常用的基本方法有哪些？运用示范法时应注意哪些问题？

8. 幼儿园体育活动的组织形式有哪些？

9. 幼儿园体育课由几部分组成？各部分的内容如何安排？选择一个体育活动内容，根据所学理论，制定一节体育课的教案。

10. 设计和组织幼儿体育活动应注意的问题有哪些？

第六章　学前儿童健康教育评价

◇ 教育评价概述及学前教育评价概述。

◇ 学前儿童健康教育评价的原则。

◇ 学前儿童健康教育评价的内容。

◇ 学前儿童健康教育评价方案的编制。

◇ 学前儿童健康教育评价的组织与实施。

第一节　教育评价概述

一、教育评价的含义

教育评价是 1929 年由美国教育家泰勒首次提出的概念，认为教育评价可以为实现理想的教育目标起到促进和保护作用。但是，由于人们看问题的角度、方法不同，更由于教育评价在理论和实践上都处于探索和研究阶段，对教育评价至今还没有形成一个确切的、严谨的、被一致接受的科学定义。界定教育评价有几个有代表性的提法：教育评价是以教育为对象，对其效用给予价值上的判断；教育评价是利用所有可行的评价技术评价教育所预期的一切效果；教育评价是对照教育目标，对由于教育行为所产生的变化所进行的价值判断；教育评价是人们按照一定社会的教育性质、教育方针和教育政策所确立的教育目标，对所实施的各种教育活动的效果以及儿童发展水平进行的科学的判定；教育评价是系统地、有步骤地从数量上或从性质上描述儿童的学习过程和结果，据此判定教育是否达到所期望的教育目标的一种手段。

尽管现在对如何界定教育评价还有上述这么多有代表性的观点，人们在如何界定教育评价的问题上还没有达成一致，但是，人们对教育评价的特点还是有着一致认识的。一般来讲，人们公认的教育评价具有以下三方面的特点。

第一，教育评价是一个活动过程。它是一种特殊的、连续性的活动，其中包含着一系列的步骤和方法，而不是单一性的活动。

第二，教育评价是有目的、有计划的活动过程。它与我们日常生活中的价值判断不同，是由确定目标、搜集资料、分析资料、形成判断、指导行动等项工作组成的活动。

第三，教育评价活动中的评价者与被评价者是统一的。在教育评价活动中，不能把评价者与被评价者看作孤立的两个部分，使之相互对立，而是应该使之在评价活动中相互合作，协同动作。

通过以上对一些有代表性的教育评价观点和教育评价特点的介绍，我们认为，教育评价是对教育的社会价值作出判断的过程。

二、学前教育评价概述

（一）什么是学前教育评价

学前教育评价是对学前教育的社会价值作出判断的过程。它以学前教育为对象,对其效用给予价值上的判断。

（二）学前教育评价的基本特点

在了解学前教育评价概念的基础上,我们还必须明确学前教育评价的基本特点。只有这样,才能对学前教育评价的概念有更为科学和深刻的领会。其基本特点可从如下五个方面来分析。

第一,学前教育评价是一个变化着的概念,是一个不断充实、完善和丰富着的概念。学前教育评价是对学前教育给予价值上的判断,这是始终不变的,但在学前教育评价中非常重要的价值、价值标准以及要判断的问题则是不断变化的,或者说,价值标准如何确定、如何进行价值判断、判断什么等,都不是固定不变的。

第二,学前教育评价是一个系统地搜集资料的过程。进行学前教育评价,不能仅仅依靠一次观察、测试等得来的资料作出判断。系统地搜集资料是学前教育评价的一个重要特点,只有将测量、评定、观察、访谈、问卷等多种渠道得来的资料加以综合,进行系统的整理,才能成为评价的基础。

第三,学前教育评价注重对学前教育评价的解释,仅仅将资料收集起来不是学前教育评价,只有对资料作出解释、分析,才是评价。

第四,学前教育评价是对学前教育价值的判断,不是对学前教育情境或现象的描述。这说明学前教育情境或现象本身还远远不够,我们还必须判断其意义或效用。

第五,学前教育评价是一种反馈—矫正系统,它通过不断地判断、分析和比较,用于在学前教育工作的每一步骤上判断该过程是否有效,如果无效,必须采取什么手段才能确保过程的有效性,从而为学前教育决策和采取更佳的学前教育政策提供科学、及时的服务。

第二节　学前儿童健康教育评价

一、学前儿童健康教育评价的含义

学前儿童健康教育评价是对学前儿童健康教育的社会价值和个人价值作出判断的过程。

二、学前儿童健康教育评价的原则

教育评价是了解教育的适宜性、有效性,调整和改进工作,促进每个幼儿的发展,提高教育质量的必要手段。对学前儿童健康教育水平和健康教育的反思,不仅有助于及时发现、研究和解决幼儿身心发展存在的问题,而且有助于提高幼儿教师的专业化水平,学前儿童健康教育的评价过程也是教师更好地掌握其身心发展的特点以及健康教育规律的过程。

在对学前儿童健康教育进行评价时,应遵循如下六个原则。

（一）方向性原则

学前儿童健康教育评价,实质上是对学前儿童健康教育目标的实现程度作出价值判断。目标具有规定行动方向,指导工作实践的作用,可以使工作有目的、有计划地开展,而不是随意而盲目地进行。目标不明确或目标错误将导致健康教育方向的偏离和教育质量的下降。因此,学前儿童健康教育评价必须保证正确的方向。

(二)发展性原则

早期的学前教育评价主要是通过测验来鉴别儿童,它的目的是选拔适合教育的儿童,而现代教育评价则是用来诊断和改进教育,它的目的是创设适合儿童的教育。这一评价目的的转变是现代学前教育评价区别于早期学前教育评价的一个重要标志。与学前教育评价目的的转变相适应,学前教育评价也从早期重视对结果的评价转为现在更重视对过程的评价。对结果的评价其主要功能是给被评价对象作出某种资格证明,比如证明幼儿的体格发育达到标准。对过程的评价其主要功能是通过揭示存在的问题,向有关人员及时反馈信息,以促进工作的改进,通过评价,了解幼儿的发展需要,以便为幼儿提供更适宜的帮助和指导,促进幼儿的发展。

(三)可行性原则

学前儿童健康教育评价,应有较强的实践性和操作性,保证评价切实可行。应做到以下两点。

1. 评价指标体系要简便易测

在保证评价指标体系科学合理的同时,解决好全面、先进和适度之间的矛盾,力求做到施测时既量力而行,又保证指标体系的切实可行。

2. 评价指标要有一致性和普遍性

其含义包括:一是学前儿童健康教育评价的目标是一致的,即由国家规定的统一要求和标准必须坚持,不能降低,务求一致;二是在同一范围内,对相同的评价对象必须采用统一的标准。

(四)定量评价和定性评价相结合的原则

学前儿童健康教育评价既需要定量评价,又需要定性评价,更需要把两者结合起来的评价。定量是定性的基础,定性是定量的出发点和结果。对学前儿童健康教育的评价既需要从量的方面进行分析评价,也需要从质的方面进行分析评价。量的评价可以反映事物的一个方面,而质的评价则可以反映事物的另一个方面,只有把数量评价和质量评价结合起来,才能更全面、综合地对幼儿和教师及其他方面作出科学合理全面的评价。

(五)静态评价和动态评价相结合的原则

学前儿童健康教育评价中的静态评价,便于看清每一个年龄阶段的儿童是否达到了某种标准,便于儿童间的横向比较,发现某一儿童成长中的问题,动态评价的运用,则便于每个儿童的纵向比较,便于看清各自的变化过程,从而发现其发展的规律。

静态评价和动态评价各有所长,又各有其短。因此,在进行学前儿童健康教育评价时,必须把两者结合起来。

值得注意的是,在幼儿的面前慎用横向的比较,横向比较只限于分析资料时使用,以便更好地发现每个幼儿发展的特点,从而制定出适合每个幼儿发展的目标。

(六)单项评价和综合评价相结合的原则

学前儿童健康教育内容复杂多样,而每一方面又有其相对独立性。因此,我们在进行评价时,必须对每个方面进行评价。如表6-1所示是对儿童穿脱衣服能力的教育评价。同时,学前儿童健康教育活动的复杂性又要求必须对学前儿童健康教育的总体情况进行考察,只有使单项评价和综合评价结合起来,才能全面协调学前儿童的健康教育。

应当注意,综合评价并不是单项评价简单相加之和,它是各单项评价的有机关联(表6-1)。

在对学前儿童健康教育评价时,除了遵循以上所列原则外,不同地区、不同地方的托幼机构可以

表6-1 3—6岁儿童穿脱衣物评价标准

年　龄	评价标准（1分）	评价标准（2分）	评价标准（3分）
3—4岁	孩子完全不会穿，全由成人帮助	能穿脱衣服、开衫，但不会扣纽扣、叠手帕，不会穿鞋袜	在成人帮助下，经常能按次序穿脱衣服、鞋袜；会穿开衫、扣大纽扣、叠手帕，知道衣服的前后
4—5岁	完全需要成人帮助，或独立完成时不正确	能独立穿脱衣服、鞋袜，但需成人帮助整理，速度较慢；被子叠得不太整齐	独立、有序地穿脱衣服、鞋袜并整理好放在指定的地方，会叠被子、拉拉链、扣纽扣
5—6岁	独立完成时不整齐、不正确或完全需要成人帮助	能有序地、独立地穿脱衣服、鞋袜，会穿套衫、系鞋带、扣小纽扣、系简单蝴蝶结，但动作不够熟练、较慢	迅速、独立、有序地完成以上动作

根据各自的实际情况，因地制宜，灵活运用。《标准》专业能力维度中提出：幼儿园教师要关注幼儿日常表现，及时发现和赏识每个幼儿的点滴进步，注重激发和保护幼儿的积极性、自信心；有效运用观察、谈话、家园联系、作品分析等多种方法，客观、全面地了解和评价幼儿；有效运用评价结果，指导下一步教育活动的开展。总之，灵活采用各种形式的评价，如全面评价与重点评价相结合，阶段性评价与具体教育活动相结合，教师教学评价与幼儿发展评价相结合。同时，要考虑到课程的整合性与园本课程的开发，应把评价的重点放在幼儿的发展上。

三、学前儿童健康教育评价的内容

（一）0—3岁儿童健康教育评价

婴儿生长发育最常用的评价指标是形态指标，有体重、身长、头围、胸围等项目，其中，身长、体重及头围这三项指标不仅测试方便，而且能为准确评价婴儿生长发育的水平提供重要信息。婴幼儿生长发育评价标准参照国际通用的由世界卫生组织推荐的0—6岁婴幼儿体格发育标准。

下面选取一组0—1岁儿童动作发展情况测试参考标准以供参考（表6-2）。

表6-2 1—12个月儿童动作发展情况测试参考标准[①]

月龄	大　动　作			精　细　动　作		
	项　目	测评方法	通过标准	项　目	测评方法	通过标准
1个月	俯卧抬头片刻	宝宝趴在床上，脸向下，双臂放在头两侧，前面用摇铃逗引其抬头	自行抬头，下颚离开床面两秒	握笔杆一会儿即掉	宝宝仰卧，将笔杆放在其手中	可握笔杆2—3秒
2个月	俯卧抬头离床面45度	宝宝俯卧，双手放在头两侧，前面用玩具逗引	可自抬头离床面，面部与床呈45度	把小手放进嘴里	宝宝仰卧，让手臂能自由活动	主动将手放进嘴里
	注视自己的手	宝宝仰卧，让手臂能自由活动	手臂在眼前注视5秒以上			

---

① 韩跃辉.1岁方案[M].北京：中国人口出版社，2002.

月龄	大　动　作			精　细　动　作		
	项目	测评方法	通过标准	项　目	测评方法	通过标准
3个月	俯卧抬头离床面90度	宝宝俯卧,两臂放在头两侧,前面用玩具逗引	头抬离床并与床面呈90度	手握着手	宝宝仰卧,穿着宽松,使手臂能自由活动,观察两手在胸前的位置	两手在胸前接触、互握
	头能竖直且平稳	抱直宝宝,观察其头竖直情况	竖直超过10秒钟			
	俯卧前臂撑起	宝宝俯卧,两臂放在头两侧,前面用玩具逗引	用张开的双手或前臂支持身体,脸正视前方	握住拨浪鼓半分钟	宝宝仰卧,将拨浪鼓或带细柄玩具塞入宝宝的手中	握住玩具半分钟
	仰卧转为侧卧	宝宝仰卧在平板床上,用玩具在一侧逗引	不用帮助,自己能从仰卧翻成侧卧			
4个月	会翻身(仰卧变俯卧)	宝宝俯卧,用玩具在其一侧逗引	能从仰卧翻成侧卧再俯卧	主动够取桌面上距手2.5厘米的玩具并紧握	抱坐,将玩具如摇铃放在桌面上距手2.5厘米处	主动够取桌面上距手2.5厘米的玩具并紧握
	扶髋能坐	抱宝宝坐在大人腿上,用两手扶住其腰下的髋部	能靠大人的帮助自己坐稳5秒以上			
5个月	扶腋下能站立	双手扶宝宝腋下,站在床上或大人腿上	能站立2秒以上	抓住悬吊玩具	宝宝仰卧,逗引他够取悬吊在胸前的玩具	能主动够取、抓住玩具
				两手各握一玩具	抱坐,大人先递一块方积木让宝宝抓,再向另一手呈示一块方积木	能先后用两手拿住两块方积木
6个月	独坐片刻	让宝宝坐在床上,不扶,给其玩具玩耍	能独自坐半分钟以上	积木从一手传至另一手	宝宝抱坐,递一方积木给宝宝拿住后,在向拿积木的手前递另一块积木	将第一块积木直接传至另一手后,再去拿递来的第二块积木
	扶着站立	扶宝宝双臂站立	能扶着站立5秒以上			
7个月	独坐自如	让宝宝独坐在床上,给其玩具	能独坐10分钟,无须用手支撑身体	拇指和其他手指配合抓起玩具	宝宝坐在床上,将一块小积木放在其手能抓到的地方	能用拇指和其他四指配合抓起小积木
				耙弄到桌上的小丸	宝宝坐位,将小丸如鱼肝油胶丸、大米花等放在桌面上,鼓励其取小丸	会将所有手指弯曲耙弄到小丸
	扶双手站立	扶宝宝双手腕站立	扶站10秒以上	用一个玩具敲打另一个玩具	让宝宝手中拿一只带柄塑料玩具,大人示范用小勺敲击桌面或一块小积木	会用带柄玩具敲击另一个玩具

续　表

月龄	大　　动　　作			精　细　动　作		
	项　目	测评方法	通过标准	项　目	测评方法	通过标准
8个月	会自己匍行	宝宝俯卧,前面用玩具逗引,鼓励其匍行	会以手腹为支点向前匍行	用两块积木在手中对击	让宝宝一手拿一块积木,大人示范将积木对击	能把两手合到中间,用一只手中方积木,明确击打另一只手中的方积木两次以上
	会自己坐起、躺下	宝宝仰卧,鼓励其坐起再躺下	能自己从仰卧变俯卧,再变成坐位,并会自己躺下			
	用一条腿支持体重想走	让宝宝靠栏边站立,前面用玩具逗引	抬起一只脚,用一条腿支持体重想走	用拇指食指对捏米花（糖丸）	宝宝坐在桌旁,将大米花或维生素药片放在桌上,鼓励其捏取	能用拇指和食指对捏米花
9个月	扶双手走步	将宝宝立于地面,扶住双手鼓励其迈步	能迈3步以上	开抽屉取玩具	当着宝宝的面将玩具放在抽屉里(抽屉仅放一玩具便于开关)先示范取出再鼓励其取出	能打开抽屉取到玩具
	双手扶栏站起	宝宝坐在床上,将一玩具放在床栏上,鼓励他扶栏站起来	能自己扶栏站起直立半分钟			
10个月	能独站片刻	扶宝宝站立后松开手	能独站2秒以上	把一件玩具放进另一件中	让宝宝将眼前的玩具放进一个较大的容器(如小箱子、小篮子)里	能将1—2件玩具放进容器内
	扶椅或推车走几步	让宝宝扶着椅子、床沿或小推车,鼓励其迈步	能迈3步以上	食指拇指动作熟练	抱坐,将一米花放在桌上,鼓励宝宝捏取	能熟练用拇指食指捏起米花,动作协调迅速
11个月	会扶家具行走	将宝宝领至小床边有栏杆处或长沙发边用玩具逗引	能扶家具走3步以上	打开包积木的纸	在宝宝注视下,用一张信纸包起一块积木打开,再包上,鼓励宝宝找积木	宝宝主动打开包积木的纸寻找积木,将积木拿到手
				把硬皮书打开合上	在宝宝眼前示范将硬皮书打开再合上	能模仿大人将硬皮书打开合上
	独站稳	扶宝宝站稳,给他手中放一玩具后松手	能独站10秒	将圆环套在细柱子上	向宝宝示范用直径约10厘米的环套在笔杆上鼓励其学着做	能准确将环套在笔杆上
12个月	独走几步	让宝宝独站,鼓励他在父母之间独自走2—3步	能独走2—3步	用蜡笔在纸上戳出点或画道道	示范用蜡笔在纸上戳出点或画道道	能用手握蜡笔在纸上戳出点或画道道

拓展阅读：0—3岁婴幼儿健康发展的里程碑

(二) 幼儿健康教育评价

1. 幼儿发展评价

(1) 评价的价值取向。

注重活动中的趣味性。《纲要》健康目标中明确指出：使孩子在集体生活中情绪安定、愉快；培养幼儿对体育活动的兴趣是幼儿园体育的重要目标，要根据幼儿的特点组织生动有趣、形式多样的体育活动，吸引幼儿主动参与。所以，幼儿在活动中的兴趣性和快乐性是非常重要的一个评价取向。

注重良好生活、卫生习惯的养成，形成幼儿健康的行为。良好的生活卫生习惯是幼儿身体健康的保证。幼儿时期身心发展迅速，是形成各种良好行为习惯的关键时期。培养幼儿形成自觉地遵守科学、规律的生活秩序的意识，并逐渐养成各种良好的生活卫生习惯，形成幼儿健康的行为，会使其身心健康并受益终身。

身心和谐。幼儿健康应包括身体健康和生理健康两个主要方面，在重视幼儿身体健康的同时，要高度重视幼儿的心理健康，幼儿的身体健康以发育健全、具备基本的生活自理能力为主要特征；幼儿的心理健康以情绪愉快、适应集体生活为主要特征。由于幼儿的生理健康和心理健康是密不可分的两个方面，所以，只有身心和谐发展才能真正既保护身体的健康又保证心理的健康。

(2) 评价的指标和标准。

① 幼儿身体保健教育评价的指标和标准。

幼儿身体保健教育的内容有四个方面，包括生活卫生习惯、认识自己的身体、饮食与营养、安全自护。

下面选取北京市某幼儿园在探索实践中制定的幼儿身体保健水平目标，可供参考(表 6-3)[①]。

表 6-3　北京市某幼儿园幼儿身体保健水平目标

3—4 岁	4—5 岁	5—6 岁
(一) 大肌肉动作		
1. 走 ① 会甩动双臂走 ② 会手脚动作协调地走 ③ 会不扶梯一步一级地走上走下	④ 会按节拍变速走 ⑤ 会灵活地变向变速走	
2. 跑 ① 会一个跟一个自然地跑 ② 会手脚协调地向指定方向跑 ③ 会变换方向跑	④ 会听信号变速跑	⑤ 会灵活躲闪跑
3. 跳 ① 会双脚跳上跳下 ② 会连续向前跳	③ 会单脚跳、左右跳 ④ 会双脚左右行进跳	⑤ 会助跑跨越障碍跳
4. 钻、爬 ① 会手膝着地向前、向后、向侧爬 ② 会在攀登架上爬上爬下	③ 会侧躺连续翻滚 ④ 会正侧面钻和手脚协调地攀登	⑤ 会灵活地翻滚、钻爬、攀登
5. 投 ① 能向上向前抛物 ② 能自抛自接物	③ 能投准相距 2 米的目标 ④ 会互相抛接球	⑤ 能在行进中互相抛接球
6. 平衡 ① 会单足跳 ② 会走平衡木(25—35 厘米宽)	③ 会平衡地原地转圈 ④ 会在平衡木上做简单动作	⑤ 会用多种器具做平衡

---

① 霍力岩.学前教育评价[M].北京：北京师范大学出版社,2000.

续　表

3—4岁	4—5岁	5—6岁
7. 综合动作技能 ① 会滚球、拍球,会使用大型运动玩具	② 会用几种方法拍球 ③ 使用多种手头运动器具	④ 会运动器具的多种玩法 ⑤ 掌握跳绳、推铁环等较复杂活动的技能
8. 操节 ① 会一个跟一个走圆圈对形、做模仿操 ② 会按节拍做操	③ 会简单分队、动作准确地做操 ④ 会按音乐节奏做韵律操、器械操	⑤ 会变队形做体操
(二) 小肌肉动作		
1. 结构造型 ① 会用积木等材料堆高、延长、围拢 ② 会插接或拼搭简单造型	③ 会使用辅助材料 ④ 能用多种材料建造较复杂的造型	⑤ 会建造大型或成组造型、复杂造型
2. 美工技能 ① 会用印章、纸团、手掌印画 ② 会画、折、粘简单作品	③ 会使用多种工具材料 ④ 会印染、涂色、拼、剪等多种技能	⑤ 会用多种工具材料制作较复杂的作品
(三) 自我保健		
1. 卫生 ① 会正确使用手绢 ② 懂得打针、吃药能防病、治病	③ 养成个人卫生习惯 ④ 懂得简单防病常识	⑤ 懂得眼睛和牙齿的保健
2. 安全 ① 不跟生人走、不远离成人 ② 不摸危险物	③ 不玩危险游戏、不去危险地方 ④ 懂得交通安全	⑤ 会处理简单的危险状况
(四) 生活能力		
1. 穿衣 ① 会解扣、脱衣 ② 会穿衣、穿鞋、戴帽、扣按扣 ③ 会扣扣、拉拉锁	④ 会穿脱、折叠衣服、整理被褥 ⑤ 会系鞋带	
2. 进餐 ① 会用勺吃饭、不撒饭 ② 会漱口、擦嘴、不挑食	③ 会用筷子 ④ 会分发整理餐具、收拾桌子	⑤ 懂得简单的营养知识
3. 洗 ① 会自己如厕、会用肥皂洗手、擦手 ② 会自己洗脸、擦油	③ 会刷牙 ④ 养成饭前洗手习惯	⑤ 会自己洗脚、洗袜子

② 幼儿心理健康教育评价的指标和具体表现。

幼儿心理健康的指标为:动作发展正常;认知发展正常;情绪健康,情绪反应适度;乐于与人交往,人际关系融洽;行为统一和协调;性格特征良好;没有严重的心理卫生问题。

幼儿心理健康的具体表现为:智力发育正常,有观察兴趣,能按成人的要求去观察事物;肯动脑筋,对具体、形象、直观的内容能理解;想象丰富,好奇心强。愿意上幼儿园,基本能适应幼儿园的生活。心情愉快,对自己的情绪有一定的控制能力,不因一点小事就发脾气。需要时能独处,不惧怕黑暗和某些形象怪异的小动物。喜欢与同伴在一起,乐于与小朋友交往,游戏时基本能遵守游戏规则。自我意识初步发展,能根据成人的引导,知道自己的某些优缺点,能对自己的行为做简单的评价,能分清自己和他人的东西。面对班上小朋友讲话时,不感到紧张、胆怯,在新环境和不熟悉的人面前,不过分地拘束害怕。对自己感兴趣的事物能集中注意力20—25分钟,对不感兴趣的活动,在成人的要求下,也能保持注意力一定的时间。有初步的延缓满足需要的意识,不以满足自己的需要而提出过分的要求或有过分的行为表现。喜欢参加各种活动并从中感到快乐。合群,能为多数人接受,没有极端、怪异的行为。

③ 幼儿体育活动教育评价指标(表6-4)。

表6-4　幼儿体育活动评价指标

幼儿体育活动评价指标	
情感态度目标	① 喜欢参加体育活动,爱好体育游戏,在活动中感到很愉快,会自发练习动作。喜欢当众表现自己的身体本领,并有克服困难的愿望和自信 ② 喜欢听、看体育比赛及体育明星的事,萌发爱祖国的感情,初步形成为国争光的意识 ③ 喜欢参加幼儿园组织的各类体育活动,建立同伴间的合作意识,并能克服困难,坚持锻炼,有坚持锻炼身体的愿望和集体荣誉感
认知发展目标	① 知道走、跑、跳、钻爬、攀登、平衡、支撑等动作都能锻炼身体,它能代表基本动作发展的情况,是身体健康的一个重要标志 ② 认识各种体育器械、设备的名称及玩法,有粗浅的自我保护意识 ③ 了解一些常见的体育活动的测试内容及规则
动作技能目标	① 会协调地进行:走、跑、跳、钻爬、攀登、平衡、支撑等各种形式的基本动作,能完成不同类型的体育游戏、体育活动,并能遵守游戏规则 ② 有一定的自我管理及相应的帮助能力 ③ 积极参与整理运动器械和用具,能在活动结束后,将物品器械放回原处

对幼儿体育活动中生理、心理负荷的常用评价方法有两种:观察法和生理测定法(脉搏测定和心率测定)。

观察法是教师常用的方法。主要是从教师完成动作的质量,幼儿的面色、呼吸、汗量,幼儿的注意力,幼儿的情绪等方面来判断运动量是否合适。

幼儿疲劳程度的表现观察可参考表6-5。

表6-5　幼儿疲劳程度观察表

观 察 方 面		轻 度 疲 劳	中 度 疲 劳	非 常 疲 劳
活动中	面　色	稍红	相当红	十分红或者苍白
	汗　量	不多	较多(特别是肩带部分)	大量出汗(特别是躯干部分)
	呼　吸	中速稍快	显著加大	呼吸急促、表浅、节律紊乱
	动　作	动作准确、步态轻稳	动作摇摆不定	动作失调,步态不稳,反应迟钝
	注　意	注意力集中	能集中注意力但不稳定	注意力分散,已经转移
	情　绪	情绪愉快	略有倦意	精神疲乏
活动后	食　欲	饮食良好、食欲增加	食欲一般,有时略有降低	食欲降低,进食量减少,甚至有恶心、呕吐现象
	睡　眠	入睡较快,睡眠良好	入睡较慢,睡眠一般	很难入睡,睡眠不安
	精　神	精神爽快、情绪好、注意稳定	精神略有不振,情绪一般	厌倦练习,精神恍惚,心悸

生理测试方法与观察法比较,是一种比较客观的方法,它包括对脉搏、呼吸频率、肺活量、体温变化、尿蛋白等方面的测定,这些方法比较复杂,在幼儿园里采用的是脉搏测定法(有条件的可以测定心率)。

脉搏测定法可在整个活动过程中,通过多次测定幼儿的脉搏,掌握活动中脉搏变化的情况,分析运动负荷安排得是否合理。

测定的步骤和方法可参考以下三点。

第一，准备工作。了解活动的任务、内容和组织教法。确定测量方法和测定者的分工。准备好必要的用具（如登记表、计时表等）。选择测定对象 1—2 名幼儿（一般选择中等水平幼儿），并要同幼儿见面谈话，打消生疏感和恐惧心理。

第二，如何测定。活动前 5 分钟测定相对安静脉搏数。在活动进行中，要选择好测定地点和方法，测定方法往往是采取练习前、后测定，或者与定时测定两者结合。练习前、后测定法主要指在主要的练习，或者能使运动量有明显变化的练习前、后进行测定。活动后测定脉搏恢复情况可采用 3—5 分钟定时测定的方法。每次测定通常是计算 10 秒钟的脉搏数，然后乘以 6，即为一分钟的脉搏数。测定时能尽量不影响幼儿的练习，要注意观察幼儿的表现和外界的影响，以便对脉搏的变化做出正确的分析。

近几年来，有的幼教人员采用心率遥测仪进行心率测定，这不仅不妨碍幼儿做动作，而且测定的数据相对较为准确。

第三，制表分析。将所测得的数据登记到表格内，制成脉搏测定曲线表，这样可以直观显示出活动中幼儿脉搏变化的情况，有利于分析并找出合理的运动量。

最近几年有关人员对幼儿园中大班幼儿的检测提出了心率平均数据，可供教师们在工作中参考：

幼儿在激烈运动时，心率会出现 200—210 次/分，但持续时间短暂，很快出现疲劳现象，运动能力下降，甚至自动停止活动。在活动中平均心率在大约 190 次/分时，幼儿有一定的耐受力，可连续活动 7—10 分钟。平均心率在 150—170 次/分时，幼儿表现较好，动作协调，有耐受力，活动时间可持续 15 分钟以上，年龄越大，持续时间越长。

从上述三种心率平均数据看，认为幼儿体育活动的平均心率应在 140—170 次/分，不超过 180 次/分，最低不低于 130 次/分。

2. 教师的教育组织策略评价

对幼儿健康教育的评价，既要评价幼儿所获得的发展，又要评价教师的教育组织策略，因为教育组织策略是否适宜，直接影响着幼儿所获得的发展。

1）评价指标。

教师的教育组织策略评价包括教育内容、教育过程、物质环境和材料、教育结果等方面。

（1）教育内容具有兴趣性，符合幼儿的兴趣和需要，幼儿有内在的动机和兴趣。

① 在幼儿的兴趣点上生成。

② 已有效激发或已有效转化成了幼儿的兴趣。

（2）教育过程具有快乐性。

① 活动中幼儿情绪愉快、活泼高昂。

② 参与积极、主动。

（3）物质环境和材料具有个体性。

① 材料能照顾到不同幼儿的发展水平。

② 材料能满足不同幼儿的兴趣爱好。

（4）教育结果具有发展性。

① 能在不同程度上促进幼儿的身体发展和心理发展。

② 有利于幼儿健康行为的养成。

2）评价方式。

树立以经常性的自评和同事间的互评为主的观念，将评价作为研讨、反思和改进提高自身教育观念的行为的有力工具,形成教师间自我发展和共同提高的氛围和条件,把评价作为自我提高的重要途径。

四、学前儿童健康教育评价方案的编制

分解目标并形成指标体系是编制学前儿童健康教育评价的第一步,界定尺度并形成标准体系是编制学前儿童健康教育评价方案的第二步,按照不同指标在指标体系中的贡献大小而给他们分配其重要性程度的权重值是第三步。只有上述三步工作全部完成,一个科学的学前儿童健康教育评价方案才能编制成功。

下面我们根据以上三个步骤的顺序来建立一份5岁幼儿身体与动作发展评价方案。

(一)指标体系的实际编制

身体与动作发展目标可以被逐层分解为二级指标,这二级指标分别用B、C来表示(表6-6)。

表6-6　身体与动作发展分级指标

一　级　指　标	二　级　指　标
B₁ 参加体育活动的兴趣	C₁ 参加体育活动的兴趣
B₂ 健康水平	C₂ 健康水平
B₃ 粗大动作技能	C₃ 基本动作
	C₄ 综合动作技能
	C₅ 操节队形
B₄ 精细动作技能	C₆ 使用工具
	C₇ 使用文具
	C₈ 美工技能
	C₉ 结构造型
B₅ 生活能力	C₁₀ 自我服务能力
	C₁₁ 简单的劳动技能
	C₁₂ 自我保健、保护能力

(二)标准体系的实际编制

在形成指标体系的基础上,确定本评价方案采用四等级评价标准,并为四个等级分别赋值5、4、3、2,然后再为每一指标项的四个等级编制出相应的评价标准(表6-7)。

表6-7　幼儿身体与动作发展四等级评价标准

一级指标	二级指标	评　价　标　准			
		Ⅰ级(5分)	Ⅱ级(4分)	Ⅲ级(3分)	Ⅳ级(2分)
B₁ 参加体育活动的兴趣	C₁ 参加体育活动的兴趣	积极主动地参与各项体育活动	能够参与各种体育活动,积极性、主动性一般	对体育活动兴趣不大,只是被动地接受	对体育活动没有兴趣,不能参加
B₂ 健康水平	C₂ 健康水平	身体健康,身高、体重、血色素、视力四项达标,无龋齿,身体素质好,适应能力强	身体健康,四项指标在正常范围内,龋齿在均值以下,身体有一定的适应能力	身体状况较差,四项指标不能全部达到正常,龋齿多,体质较弱	身体状况差,四项指标全部不能达标,龋齿多,体质很差

续　表

一级指标	二级指标	评　价　标　准			
		Ⅰ级（5分）	Ⅱ级（4分）	Ⅲ级（3分）	Ⅳ级（2分）
B₃ 粗大动作技能	C₃ 基本动作（走、跑、跳、投掷、钻、爬、攀登）	坐、立等基本动作姿势正常、协调、灵活，能够把握大体方向，无多余动作	姿势基本正确，比较协调、灵活，基本把握方向	姿势不很正确，协调性、灵活性较差，有多余动作	姿势不正确，协调性、灵活性差，没有方向感
	C₄ 综合动作技能	会运动器具的多种玩法，会拍球、跳绳等复杂的动作技能，平衡性好	会运动器具的多种玩法，会拍球、跳绳等复杂的运动技能，平衡性一般	会运动器具的简单玩法，拍球、跳绳等复杂的动作技能掌握不好，平衡性差	不会使用运动器具，基本上不能拍球、跳绳
	C₅ 操节队形	会根据信号转体（左、右、前、后）、行走，按节拍动作准确地做操（徒手操、轻器械操）	会根据信号转体、行走，按节拍动作基本准确地做操	会根据信号做动作，动作的准确性差	不能根据信号做动作
B₄ 精细动作技能	C₆ 使用工具	能正确地、比较熟练地使用剪子、筷子等简单的常用工具	能正确地使用剪子、筷子等简单的常用工具	使用简单常用工具的动作欠准确	使用简单常用工具的动作不准确
	C₇ 使用文具	会正确熟练地使用铅笔、画笔、橡皮等文具进行写、画	能正确地、比较熟练地使用铅笔、画笔、橡皮等文具进行写、画	使用铅笔、画笔、橡皮等文具的姿势欠正确、不熟练	使用铅笔、画笔、橡皮等文具的姿势不正确
	C₈ 美工技能	会使用多种工具材料，方法正确，自己独立设计制作简单的作品（折纸、粘贴、泥塑等）	能使用多种工具材料，方法基本正确，能独立地制作简单的作品（折纸、粘贴、泥塑等）	对美工活动基本技能掌握较差，能做简单作品	不能掌握美工活动的基本技能
	C₉ 结构造型	会使用多种工具和材料建构复杂的造型	会用多种工具和材料建构比较复杂的造型	运用工具和材料的能力比较差，造型比较简单	不能用工具和材料进行造型活动
B₅ 生活能力	C₁₀ 自我服务能力	基本的自我服务技能较好（自己盥洗，会刷牙、洗手绢、洗袜子，整齐迅速有序地穿衣、系鞋带，自己整理书包和床铺）	有基本的自我服务技能（自己洗手绢、洗袜子、收拾书包和床铺，但整洁性差）	自我服务能力比较差，对别人的依赖性较强（自己不收拾书包和床铺）	不能做到自我服务，事事依靠别人
	C₁₁ 简单的劳动技能	能整齐、迅速地收拾玩具，会当值日生，能干好擦桌椅等简单的事情	能自己整齐地收拾玩具、当值日生，能擦桌椅等	能自己收拾玩具，值日生工作比较差	不能自己收拾玩具，不能完成值日生工作
	C₁₂ 自我保健、保护能力	个人卫生习惯好（正确使用手绢，饭前便后洗手等），懂得眼睛、牙齿的简单保健知识，对生人保持一定的警惕性，会处理简单危险，会根据天气的冷暖适时增减衣服	个人卫生习惯好，知道爱护眼睛、牙齿，对生人保持一定的警惕性，懂得简单的危险知识	卫生习惯不太好，对生人没有警惕性	卫生习惯不好，对生人没有警惕性

（三）计量体系的实际编制

指标体系和标准体系建立以后，我们根据不同指标项目在指标体系中的地位和作用为他们分配适宜的权重值,形成计量体系。假定5岁幼儿发展目标由身体与动作发展、认知发展、品德与个性发展三部分组成,又根据他们各自在整个幼儿发展中的地位和作用可以分别赋值0.4,0.35,0.25,然后我们再给5岁幼儿身体与动作发展的两个指标分别赋予相应的权重值。

表6-8是一份完整的5岁幼儿身体与动作发展评价方案参考表。

表6-8 5岁幼儿身体与动作发展评价方案参考表

一级指标	二级指标	评价标准			
		Ⅰ级(5分)	Ⅱ级(4分)	Ⅲ级(3分)	Ⅳ级(2分)
B_1 参加体育活动的兴趣(0.10)	C_1 参加体育活动的兴趣(1.00)	积极主动地参与各项体育活动	能够参与各种体育活动,积极性、主动性一般	对体育活动兴趣不大,只是被动地接受	对体育活动没有兴趣,不能参加
B_2 健康水平(0.20)	C_2 健康水平(1.00)	身体健康,身高、体重、血色素、视力四项达标,无龋齿,身体素质好、适应能力强	身体健康,四项指标在正常范围内,龋齿在均值以下,身体有一定的适应能力	身体状况较差,四项指标不能全部达到正常,龋齿多,体质较弱	身体状况差,四项指标全部不能达标,龋齿多,体质很差
B_3 粗大动作技能(0.20)	C_3 基本动作(走、跑、跳、投掷、钻、爬、攀登)(0.40)	坐、立等基本动作姿势正常、协调、灵活,能够把握大体方向,无多余动作	姿势基本正确,比较协调、灵活,基本把握方向	姿势不很正确,协调性、灵活性较差,有多余动作	姿势不正确,协调性、灵活性差,没有方向感
	C_4 综合动作技能(0.30)	会运动器具的多种玩法,会拍球、跳绳等复杂的动作技能,平衡性好	会运动器具的多种玩法,会拍球、跳绳等复杂的运动技能,平衡性一般	会运动器具的简单玩法,拍球、跳绳等复杂的动作技能掌握不好,平衡性差	不会使用运动器具,基本上不能拍球、跳绳
	C_5 操节队形(0.30)	会根据信号转体(左、右、前、后)、行走,按节拍动作准确地做操(徒手操、轻器械操)	会根据信号转体、行走、按节拍动作基本准确地做操	会根据信号做动作,动作的准确性差	不能根据信号做动作
B_4 精细动作技能(0.20)	C_6 使用工具(0.30)	能正确地、比较熟练地使用剪子、筷子等简单的常用工具	能正确地使用剪子、筷子等简单的常用工具	使用简单常用工具的运作欠准确	使用简单常用工具的运作不准确
	C_7 使用文具(0.20)	会正确熟练地使用铅笔、画笔、橡皮等文具进行写、画	能正确地、比较熟练地使用铅笔、画笔、橡皮等文具进行写、画	使用铅笔、画笔、橡皮等文具的姿势欠正确、不熟练	使用铅笔、画笔、橡皮等文具的姿势不正确
	C_8 美工技能(0.30)	会使用多种工具材料,方法正确,自己独立设计制作简单的作品(折纸、粘贴、泥塑等)	能使用多种工具材料,方法基本正确,能独立地制作简单的作品(折纸、粘贴、泥塑等)	对美工活动基本技能掌握较差,能做简单作品	不能掌握美工活动的基本技能
	C_9 结构造型(0.20)	会使用多种工具和材料建构复杂的造型	会用多种工具和材料建构比较复杂的造型	运用工具和材料的能力比较差,造型比较简单	不能用工具和材料进行造型活动
B_5 生活能力(0.30)	C_{10} 自我服务能力(0.40)	基本的自我服务技能较好(自己盥洗,会刷牙、洗手绢、洗袜子,整齐迅速有序地穿衣、系鞋带,自己整理书包和床铺)	有基本的自我服务技能(自己洗手绢、洗袜子,收拾书包和床铺,但整洁性差)	自我服务能力比较差,对别人的依赖性较强(自己不收拾书包和床铺)	不能做到自我服务,事事依靠别人

续　表

一级指标	二级指标	评　价　标　准			
		Ⅰ级(5分)	Ⅱ级(4分)	Ⅲ级(3分)	Ⅳ级(2分)
B₅生活能力(0.30)	C₁₁简单的劳动技能(0.30)	能整齐、迅速地收拾玩具,会当值日生,能干好擦桌椅等简单的事情	能自己整齐地收拾玩具、当值日生,能擦桌椅等	能自己收拾玩具,值日生工作比较差	不能自己收拾玩具,不能完成值日生工作
	C₁₂自我保健、保护能力(0.30)	个人卫生习惯好(正确使用手绢,饭前便后洗手等),懂得眼睛、牙齿的简单保健知识,对生人保持一定的警惕性,会处理简单危险,会根据天气的冷暖适时增减衣服	个人卫生习惯好,知道爱护眼睛、牙齿,对生人保持一定的警惕性,懂得简单的危险知识	卫生习惯不太好,对生人没有警惕性	卫生习惯不好,对生人没有警惕性

以上讲了学前儿童健康教育评价方案的编制过程,实事上学前儿童健康教育评价目标可以以《指南》中的健康领域的幼儿学习与发展目标为依据。

五、学前儿童健康教育评价的组织与实施

学前儿童健康教育评价的组织与实施过程有三个阶段。

(一)评价实施的准备阶段

评价实施的准备阶段是具体评价实施前的预备阶段,是评价实施过程的有机组成部分。如果这一阶段的工作做得好,各项准备工作做到位,就为一个高质量的评价打好了基础。具体地要做好以下两方面的工作。

1.组织准备

要组成评价委员会,组织成员内部要进行不同的分工,使各自明确自己的职责范围,做到各司其职,认真负责。

2.文件准备

评价工作需要多种文件的准备。如评价方案要复制多份,使每一位评价者和以后的统计人员都能人手一份,同时准备好需要的测量工具、计量用品和多种办公用品。

(二)评价实施阶段

实施阶段的工作程序一般有以下三个方面。

1.宣传发动

主要目的是统一评价者与被评价者的思想,防止产生各种消极因素和各种抵触情绪,使有关人员有一个良好的心态,抱着参与的态度积极参与评价工作。

2.搜集资料

搜集资料是评价实施过程中最为费时、费力但也是最具实质性的工作。这一工作要求评价者具有较高的素质和良好的工作态度。

3.分项评分并汇总整理

在掌握大量有关资料的基础上,评价人员可以对每一具体的项目评分,即根据评价对象的实际状况与指标的符合程度,认定相应的分权或等级。

汇总整理要求对多项目的评分进行汇总,这一工作可由计算机来完成。汇总整理后,应有专人写出评价工作的总结报告材料。汇总材料则要按材料项目分类归档。

（三）评价结果反馈阶段

评价是为了更好地促进工作,所以将评价结果以恰当的方式反馈给有关人员并使其在此基础上改进并进一步得到发展是非常重要的。

思考与练习

1.学前儿童健康教育评价应遵循的原则有哪些?

2.组织与实施学前儿童健康教育评价包括几个阶段?每个阶段应做好哪些工作?

主要参考文献

1. 朱家雄等.学前儿童卫生学[M].上海：华东师范大学出版社,1999.

2. 张慧和,顾荣芳.幼儿园课程实施指导丛书·健康[M].南京：南京师范大学出版社,2000.

3. 教育部基础教育司.《幼儿园教育指导纲要(试行)》解读[M].南京：江苏凤凰教育出版社,2017.

4. 全国幼师工作协作会组.幼儿健康教育活动指导[M].北京：北京师范大学出版社,2002.

5. 黄世勋.幼儿健康教育[M].北京：中国劳动社会保障出版社,1999.

6. 陈帼眉,冯晓霞,庞丽娟.学前儿童发展心理学[M].北京：北京师范大学出版社,1995.

7. 丁祖荫.幼儿心理学[M].北京：人民教育出版社,1986.

8. 劳动和社会保障部,中国就业培训技术指导中心.国家职业资格培训教程——育婴员[M].北京：中国妇女出版社,2003.

9. 上海市教育委员会.上海市0—3岁婴幼儿教养方案[Z].2008.

10. 欧新明.学前儿童健康教育[M].北京：教育科学出版社,2003.

11. 由雅克·德洛尔任主席的国际21世纪教育委员会向联合国教科文组织提交的报告.教育——财富蕴藏其中[M].北京：教育科学出版社,1996.

12. 唐淑,钟昭华.中国学前教育史[M].北京：人民教育出版社,1993.

13. [瑞士]让·皮亚杰.发生认识论原理[M].王宪钿等译.北京：商务印书馆,1994.

14. 张天宝.主体性教育[M].北京：教育科学出版社,2001.

15. 吴汉荣.给孩子智慧的教育——3—6岁儿童感觉统合训练与潜能开发[M].呼和浩特：内蒙古人民出版社,2004.

16. 潘玲珠,郑艺.启始之路——0—3岁婴幼儿活动方案[M].上海：上海教育出版社,2001.

17. 简尔贤.幼儿园亲子教育[M].北京：同心出版社,2003.

18. 孙纪贤.哈佛多元智能：婴幼儿身体运动智能开发训练[M].北京：国际文化出版公司,2003.

19. 人民教育出版社体育室.幼儿园体育活动的理论与方法[M].北京：人民教育出版社,2002.

20. 黄世勋.幼儿园体育活动指导[M].北京：教育科学出版社,1999.

21. 刘馨.幼儿园体育活动设计与指导[M].北京：北京师范大学出版社,2004.

22. 王占春.幼儿体育教学法[M].北京：人民教育出版社,1986.

23. 全国幼儿园教材编写组.幼儿园教材.体育[M].北京：人民教育出版社,1982.

24. 霍力岩.学前教育评价[M].北京：北京师范大学出版社,2000.

25. 韩跃辉.1岁方案[M].北京：中国人口出版社,2002.

26. 陈帼眉.学前儿童发展与教育评价手册[M].北京：北京师范大学出版社,1994.

27. 邓静云,张佩斌,胡幼芳.婴儿的卫生与保健[M].北京：中国人口出版社,2003.

28. 区慕洁.婴儿的发育与营养[M].北京：中国人口出版社,2004.

29. 鲍秀兰等.塑造最佳的人生开端：新生儿行为与0～3岁潜能开发指南[M].北京：中国商业出版社,2001.

30. 顾荣芳,薛菁华.幼儿园健康教育[M].北京：人民教育出版社,2004.

31. 薛梅,辛明.幼儿素质发展课程·教师用书[M].青岛:青岛出版社,2017.

32. 李俐.零点起步:亲子园活动方案·爬爬班7—12个月[M].南京:南京师范大学出版社,2006.

33. 余小鸣.国际健康教育发展概况[J].中国学校卫生,1999(03).

34. 欧新明.幼儿健康教育基本理论要素的探讨[J].学前教育研究,2001(03).

35. 顾荣芳.试论幼儿健康教育的渗透与融合——兼议《纲要》幼儿健康教育思想的贯彻[J].学前教育研究,2002(01).

图书在版编目(CIP)数据

学前儿童健康教育活动指导/孙树珍,麦少美主编. —4 版. —上海:复旦大学出版社,2021.5
(2024.1重印)
ISBN 978-7-309-15534-1

Ⅰ.①学⋯ Ⅱ.①孙⋯ ②麦⋯ Ⅲ.①健康教育-学前教育-教学参考资料 Ⅳ.①G613.3

中国版本图书馆 CIP 数据核字(2021)第 044106 号

学前儿童健康教育活动指导(第四版)
孙树珍 麦少美 主编
责任编辑/查 莉

复旦大学出版社有限公司出版发行
上海市国权路 579 号 邮编:200433
网址:fupnet@ fudanpress.com http://www.fudanpress.com
门市零售:86-21-65102580 团体订购:86-21-65104505
出版部电话:86-21-65642845
浙江临安曙光印务有限公司

开本 890 毫米×1240 毫米 1/16 印张9.25 字数267 千
2024年1月第 4 版第 6 次印刷
印数 49 201—60 200

ISBN 978-7-309-15534-1/G・2214
定价:38.00 元